上海市交通运输行业协会团体标准

上海市域铁路建筑信息模型设计应用标准(试行)

Design Application Standard for Building Information Modeling of Shanghai Suburban Railway(Trial Implementation)

T/SHJX 011—2020

主编单位:上海市政工程设计研究总院(集团)有限公司
批准部门:上海市交通运输行业协会
施行日期:2021 年 1 月 1 日

同济大学出版社

2021 上海

图书在版编目(CIP)数据

上海市域铁路建筑信息模型设计应用标准:试行/上海市政工程设计研究院(集团)有限公司主编. —上海:同济大学出版社,2021.5

ISBN 978-7-5608-9847-6

Ⅰ.①上… Ⅱ.①上… Ⅲ.①城市铁路—模型(建筑)—设计标准—上海 Ⅳ.①U239.5-65

中国版本图书馆 CIP 数据核字(2021)第 053212 号

上海市域铁路建筑信息模型设计应用标准(试行)

上海市政工程设计研究总院(集团)有限公司 **主编**

责任编辑 朱 勇
责任校对 徐春莲
封面设计 陈益平

出版发行 同济大学出版社 www.tongjipress.com.cn
(地址:上海市四平路 1239 号 邮编:200092 电话:021-65985622)
经 销 全国各地新华书店
印 刷 常熟市大宏印刷有限公司
开 本 889mm×1194mm 1/32
印 张 6.625
字 数 178 000
版 次 2021 年 5 月第 1 版 2021 年 5 月第 1 次印刷
书 号 ISBN 978-7-5608-9847-6
定 价 70.00 元

上海市交通运输行业协会

沪交协(2020)第64号

上海市交通运输行业协会
关于发布《上海市域铁路隧道及地下工程施工技术规程(试行)》等九项团体标准的通知

经上海市交通运输行业协会第七届第三十六次秘书长办公会议批准,同意即日起发布以下九项团体标准:

1.《上海市域铁路隧道及地下工程施工技术规程(试行)》(编号:T/SHJX 003—2020);

2.《上海市域铁路隧道及地下工程施工质量验收标准(试行)》(编号:T/SHJX 004—2020);

3.《上海市域铁路桥梁工程施工技术规程(试行)》(编号:T/SHJX 005—2020);

4.《上海市域铁路桥梁工程施工质量验收标准(试行)》(编号:T/SHJX 006—2020);

5.《上海市域铁路路基工程施工技术规程(试行)》(编号:T/SHJX 007—2020);

6.《上海市域铁路路基工程施工质量验收标准(试行)》(编号:T/SHJX 008—2020);

7.《上海市域铁路轨道工程施工技术规程(试行)》(编号:T/SHJX 009—2020)》;

8.《上海市域铁路轨道工程施工质量验收标准(试行)》(编号:T/SHJX 010—2020)》;

9.《上海市域铁路建筑信息模型设计应用标准(试行)》(编号:T/SHJX 011—2020)》。

特此发布。

上海市交通运输行业协会

2020年9月22日

前 言

由上海市交通运输行业协会市域铁路分会组织各单位编制上海市域铁路建设系列标准，该标准作为市域铁路工程中的BIM设计应用指导。由上海市政工程设计研究总院（集团）有限公司会同相关单位开展标准编制工作。在编制过程中，标准编制组开展大量调查，借鉴国内外先进经验，并在广泛征求意见的基础上，经过反复讨论和修改，最后通过审查定稿。

本标准共分为10章和20个附录，主要内容有：总则；术语与缩略语；基本规定；资源要求；模型要求；模型系统分类与编码；整体行为要求；分项行为要求；交付要求；设计应用。

本标准由上海市交通运输行业协会市域铁路分会负责管理，由上海市政工程设计研究总院（集团）有限公司负责具体技术内容的解释。各单位及相关人员在本标准执行过程中，如有意见和建议，请反馈至上海市政工程设计研究总院（集团）有限公司《上海市域铁路建筑信息模型设计应用标准》编制组（地址：上海市杨浦区中山北二路901号；邮编：200092），以供今后修订时参考。

授权委托单位：上海市交通运输行业协会市域铁路分会
主 编 单 位：上海市政工程设计研究总院（集团）有限公司
参 编 单 位：上海申铁建设管理有限公司
中铁第四勘察设计院集团有限公司
中铁上海设计院集团有限公司
上海市隧道工程轨道交通设计研究院
上海市城市建设设计研究总院（集团）有限公司
中铁十五局集团有限公司
中建华帆建筑设计院有限公司

主要编制人员：章建庆　张吕伟　杨彩霞　杨　超　闫鹏程

参与编制人员：戴培新　李奇默　孙兴华　陈睿颖　白雨晨
刘　斐　符倍维　卞友艳　李　越　马　弯
龚　泽　刘高坤　张伟伟　罗志刚　程贤栋
苑方丞　周欣晟　喻世琦　王燕峰　孟　柯
汲小涛　韦　巍　吴文高　何利英　姜　弘
栾焕强　王春晓　吴鸿胜　田建伟　邓海潮
马国栋

主要审查人员：陈茂华　高承勇　李　涛　盛黎明　戚国锋
史健勇　夏海兵　周正茂　姚守俨　杨海涛
辛佐先　朱　艳　许兴旺　许　杰　张东升
张保信　金　光　夏　群　徐　博　黄秋亮
蒋海里　曾莎洁　谢　非　魏方华　谭启震

目　次

1 总 则

1.0.1 为贯彻执行国家和上海市技术经济政策，支撑工程建设信息化实施，规范市域铁路工程项目建筑信息模型应用要求，提高建设信息应用效率和效益，制定本标准。

1.0.2 本标准适用于上海市域铁路工程建筑信息模型在设计阶段中的建立及应用。

2 术语与缩略语

2.1 术 语

2.1.1 市域铁路建筑信息模型 building information modeling of suburban railway

以三维图形和数据库信息集成技术为基础，创建并利用几何与非几何数据对市域铁路工程项目进行设计、施工及运营全寿命周期的数据模型。简称模型(BIM)。

2.1.2 市域铁路建筑信息模型单元 building information model unit of suburban railway

市域铁路建筑信息模型中承载建筑信息的实体及其相关属性的集合，是工程对象的数字化表述。简称模型单元。

2.1.3 市域铁路建筑信息模型构件 building information model construct of suburban railway

由模型单元放置在建筑特定位置并赋予具体属性生成的模型组件，构件可以是单个模型组件或多个模型组件的集合。

2.1.4 构件库 BIM component library

在设计阶段 BIM 的建立及应用中开发、积累并经过加工处理，形成可重复利用的构件的集合。

2.1.5 模型精细度 level of model defintion

建筑信息模型中所容纳的模型单元丰富程度的衡量指标。

2.1.6 几何表达精度 level of geometric detail

模型单元在视觉呈现时，几何表达真实性和精确性的衡量指标。

2.1.7 信息深度 level of information detail

模型单元承载属性信息详细程度的衡量指标。

2.1.8 几何信息 geometric information

BIM 构件内部几何形态和外部空间位置信息的集合。

2.1.9 交付 deliver/delivery

在市域铁路工程项目建设期，通过合适形式，将市域铁路建筑信息模型及关联成果按照一定要求，向其他项目参与单位传递。

2.1.10 交付物 deliverable

基于市域铁路建筑信息模型交付的成果。

2.1.11 协同 collaboraiton

基于市域铁路建筑信息模型进行数据共享及相互操作的过程。

2.1.12 市域铁路 suburban railway

中心城区连接周边城镇组团及城镇组团之间的快速度、大运量、公交化的轨道交通系统，是综合交通体系的重要组成部分。

2.2 缩略语

GIS Geographic Information System 地理信息系统

DEM Digital Elevation Model 数字高程模型

3 基本规定

3.0.1 市域铁路工程项目的信息模型设计在实施前，应参照本标准制订应用实施计划，其内容应包括资源要求、模型要求、交付要求、设计应用策划等。

3.0.2 设计应包括工程可行性研究设计、初步设计、施工图设计等阶段，模型应分阶段创建、展开相关应用，不同阶段模型应具有连续性。

3.0.3 建筑信息模型创建应满足市域铁路工程的实际需求。

3.0.4 建筑信息模型的交付准备及交付要求应满足各阶段设计深度的要求。

4 资源要求

4.1 BIM 软件要求

4.1.1 BIM 设计应用中，应根据实际需求采用不同类别的软件，实现 BIM 不同需求下的应用价值，软件的选择可参照表 4.1.1。

表 4.1.1 BIM 软件分类

软件类型	软件主要功能或作用
BIM 设计软件	模型的创建及模型的处理，模型信息的添加、编辑、出图等
BIM 分析软件	基于模型进行专业性能分析应用
BIM 展示软件	模型的可视化演示、动画模拟、效果渲染等
BIM 协同设计平台	实现各专业的 BIM 数据传递、共享及存储，开展协同设计

4.1.2 BIM 设计软件应具有与之匹配的构件库及材质库，具备自定义构件、材质功能。

4.1.3 BIM 设计软件符合下列规定：

1 应为面向建筑及基础设施行业的建模软件，应满足工程设计的专业需求。

2 各专业 BIM 设计软件宜内置本专业的主要构件。

3 应具有对构件、视图、材质自定义命名的功能。

4 应具有视图创建与编辑功能，并宜通过视图生成可交付的图纸。

4.1.4 BIM 设计软件创建的模型，基于相同数据交换标准时，其模型数据应能被完整提取和使用。

4.1.5 BIM 设计软件在工程应用前，宜对其专业技术水平、数据管理水平和数据互用能力进行评估，宜对其专业功能和数据互用功能进行测试。

4.1.6 BIM分析软件应满足专业的工程应用需求，并应至少满足下列要求之一：

1 支持开放的数据交换标准。

2 实现与相关软件的数据交换。

3 支持数据互用功能定制开发。

4.1.7 BIM分析软件的专业功能应符合相关市域铁路建设标准的规定，其分析结果应准确、可靠。

4.1.8 BIM展示软件宜对BIM模型进行轻量化处理，降低动画模拟、效果渲染等对硬件设备的要求。

4.1.9 BIM协同设计平台宜采用信息化平台方式实现，并符合下列规定：

1 宜内置相关设计标准和业务流程。

2 应可根据工作角色职责分配权限功能。

3 应具有数据安全保护功能，防止数据信息的破坏、篡改和泄露。

4 应具承载大体量模型能力，可兼容不同软件模型，可集成倾斜摄影模型、GIS等。

5 宜具有模型及文件版本管理功能。

4.2 构件库要求

4.2.1 在项目启动前，应建立统一的项目构件库，供各参与方使用。

4.2.2 构件库中构件应按专业分类管理。

4.2.3 构件库中的构件几何精度、信息深度应符合本标准表5.3.2和表5.4.2的规定。

4.2.4 构件库中的构件应能满足设计行为过程中按照设计阶段

及应用需求对构件编辑、属性扩展的要求。

4.2.5 针对构件和构件库，应建立统一的构件管理规则，宜通过构件库管理软件实现构件的收集、存储、使用、废除和新增等有效管理。

4.3 材质库要求

4.3.1 在项目启动前，应建立统一的项目材质库，供各参与方使用。

4.3.2 材质库中的材质宜能反映工程对象真实的材质纹理、颜色、光泽度、透明度和反射率等。

4.3.3 材质库中的材质应能满足设计行为过程中按照设计阶段及应用需求对材质的编辑、属性扩展的要求。

4.3.4 针对材质和材质库应建立统一的材质管理规则，宜通过材质库管理软件实现材质的收集、存储、使用、废除和新增等有效管理。

5 模型要求

5.1 一般规定

5.1.1 市域铁路工程建筑信息模型交付准备过程中，应根据交付深度、交付物形式、交付协同要求安排模型架构和选取适宜的模型精细度，并应根据设计信息输入模型内容。

5.1.2 建筑信息模型由模型单元组成，交付全过程应以模型单元作为基本操作对象。

5.1.3 模型单元应分为实体和属性两部分分别进行描述，模型单元的实体呈现应由几何表达精度来描述，模型单元的属性信息应由信息深度来描述。

5.1.4 建筑信息模型交付应包含下列内容：

1 模型单元的系统分类。

2 模型单元的关联关系。

3 模型单元的几何表达精度。

4 模型单元的属性信息及其信息深度。

5.1.5 模型单元的系统分类应符合本标准第 6.2 节的规定。

5.1.6 模型单元的关联关系应符合本标准第 6.2 节及第 9.4 节的规定。

5.1.7 模型单元的几何表达精度应符合本标准第 5.3 节的规定。

5.1.8 模型单元的信息深度应符合本标准第 5.4 节及附录 A～附录V 的规定。

5.1.9 模型单元应以属性信息描述工程对象的设计信息，可使用二维图形、文字、文档、多媒体等方式补充和增强表达设计信息。

5.1.10 模型交付前，应进行相关专业会签。

5.2 模型架构和精细度

5.2.1 建筑信息模型所包含的模型单元应分级建立，可嵌套设置，模型分级及精度等级要求应符合表5.2.1的规定。

表5.2.1 模型单元的分级

模型单元分级	模型精度等级	模型单元	模型单元的用途
项目级模型单元	LOD1.0	项目模型的集合（如现状模型、规划模型、设计模型等）	承载市域铁路工程项目、子项目或局部工程信息
功能级模型单元	LOD2.0	专业模型系统组合（如车站建筑、结构系统的组合）	承载多专业系统组合的模块或空间信息
		单专业模型（如轨道、路基、建筑、结构、隧道、桥梁专业等）	承载单一专业系统的模块或空间信息
		单功能模型（如盾构段、工作井等）	承载单一功能模块或空间信息
构件级模型单元	LOD3.0	构件级模型（如桥墩、盾构环、风机等）	承载单一的构配件或产品信息
零件级模型单元	LOD4.0	从属于构件模型（如螺栓、预埋钢板等）	承载从属于构配件或产品的组成零件或安装零件信息

5.3 几何表达精度

5.3.1 市域铁路工程项目模型单元作为实体呈现时，应使用几何表达精度来作为衡量指标，并符合下列规定：

1 应选取适宜的几何表达精度呈现工程对象的几何信息。

2 在满足设计深度和应用需求的前提下，应选取较低等级的几何表达精度。

3 不同的模型单元可选取不同的几何表达精度。

5.3.2 几何表达精度等级应按照表 5.3.2 的原则划分。

表 5.3.2 几何表达精度的等级划分原则

等级	英文名	代号	几何表达精度要求
1 级几何表达精度	Level 1 of Geometric Detail	G1	满足二维化或者符号化识别需求的几何表达精度
2 级几何表达精度	Level 2 of Geometric Detail	G2	满足空间占位、主要颜色等粗略识别需求的几何表达精度
3 级几何表达精度	Level 3 of Geometric Detail	G3	满足建造安装流程、采购等精细识别需求的几何表达精度
4 级几何表达精度	Level 4 of Geometric Detail	G4	满足高精度渲染展示、产品管理、制造加工准备等高精度识别需求的几何表达精度

5.4 信息深度等级

5.4.1 市域铁路工程项目模型单元的属性信息应符合下列规定：

1 应选取适宜的信息深度体现模型单元承载的信息丰富程度。

2 信息应分类设置，信息分类宜符合本标准附录 A～附录 U 的要求。

3 信息的设置应包含中文字段名称、编码、数据类型、数据格式、计量单位、值域、约束条件等；信息的设置宜符合本标准附录A～附录 V 的要求；交付表达时，应至少提取信息的中文字段名称、计量单位、信息属性值。

4 信息应符合唯一性原则，即信息属性值和信息应一一对应，在单个应用场景中属性值应唯一。

5 信息应符合一致性原则，即同一类型信息的数据类型、数据格式和计量单位应一致。

5.4.2 模型单元承载的设计信息应根据设计阶段的发展逐渐丰富，模型单元信息深度等级的划分应符合表 5.4.2 的规定。

表 5.4.2　信息深度等级的划分原则

等级	英文名	代号	等级要求
1 级信息深度	Level 1 of Information Detail	N1	宜包含模型单元的基本信息、身份描述、项目信息、组织角色等信息
2 级信息深度	Level 2 of Information Detail	N2	宜包含和补充 N1 等级信息，增加实体系统关系、组成及材质、性能或属性等信息
3 级信息深度	Level 3 of Information Detail	N3	宜包含和补充 N2 等级信息，增加生产信息和安装信息
4 级信息深度	Level 4 of Information Detail	N4	宜包含和补充 N3 等级信息，增加资产信息和维护信息

6 模型系统分类与编码

6.1 一般规定

6.1.1 建筑信息模型应根据设计信息将模型单元进行系统分类，专业名称及代码应符合表6.1.1规定，并应在属性信息中表示。

6.1.2 建筑信息模型中具有关联的模型单元应表明直接关联关系。

6.1.3 市域铁路项目模型单元的系统分类可按专业分类。

6.1.4 模型构件编码与专业分类匹配，编码应具有统一性、唯一性和可扩展性。

表6.1.1 系统分类及专业名称代码

专业（中文）	专业（英文）	专业代码（中文）	专业代码（英文）
线路	Alignment	线路	ALI
路基	Subgrade	路基	SGR
桥涵	Bridge and Culvert	桥涵	BC
隧道	Tunnel	隧道	TUN
车站建筑	Station Architecture	建筑	SA
车站结构	Station Structure	结构	SS
轨道	Track	轨道	TRA
站场	Station Yard	站场	SY
牵引供电	Traction Power Supply	牵引	TPS
电力	Electrical Engineering	电力	EE
通信	Communication	通信	COM
信号	Signal	信号	SIG
信息	Information	信息	INF

续表6.1.1

专业(中文)	专业(英文)	专业代码(中文)	专业代码(英文)
调度中心	Dispatching Center	调度	DC
机辆设备	Rolling Stock Facility	机辆	RSF
维修设施	Maintenance Facilities	维修	MF
给水排水	Water Supply and Drainage	给排水	WSD
通风与空调	Heating Ventilation Air Conditioning	暖通	HVAC
综合接地	Integrated Grounding	接地	IG
防灾	Disaster Prevention	防灾	DP
环境保护	Environmental Protection	环保	EP
景观	Landscape	景观	LAN

6.2 模型系统分类

6.2.1 线路系统分类应符合表 6.2.1 的规定。

表 6.2.1 线路系统分类

一级系统	二级系统	三级系统
线路	线路平面	平面直线
		圆曲线
	线路纵断面	纵断面
		竖曲线
	标志标牌	公里标
		半公里标
		百米标
		曲线标
		缓和曲线、圆曲线起终点标
		坡度标
		竖曲线起终点标
		用地界标

6.2.2 路基系统分类应符合表 6.2.2 的规定。

表 6.2.2 路基系统分类

一级系统	二级系统	三级
路基	基床及以下	基床表层
		基床底层
		基床以下路堤
	边坡防护	骨架护坡
		空心砖护坡
		片石护坡
		其他护坡
	支挡结构	重力式挡墙
		扶壁式挡墙
		悬臂式挡墙
		U 形槽
		桩板墙
	地基处理	垫层
		换填
		复合地基
		筏板
		桩基
	路基排水	侧沟
		盲沟
		拦水坎

6.2.3 桥涵系统分类应符合表6.2.3的规定。

表6.2.3 桥涵系统分类

一级系统	二级系统	三级系统
桥梁	桥梁上部工程	梁部
		拱
		缆索
		桥面系
		预应力系统
	桥梁下部工程	桥墩
		桥台
		基础
	塔柱结构	桥塔
	桥梁附属工程	附属设施
		支撑系统
	桥梁施工	施工辅助设施
框架桥及涵洞	框架桥工程	框架桥
		基础
	涵洞工程	涵洞
		基础

6.2.4 隧道系统分类应符合表6.2.4的规定。

表6.2.4 隧道系统分类

一级系统	二级系统	三级系统
隧道	盾构法	衬砌圆环管片
		特殊衬砌圆环管片
		内部结构
		联络通道及泵房
		端头加固
	明挖法	围护结构
		雨棚结构

续表6.2.4

一级系统	二级系统	三级系统
隧道	明挖法	出入地段主体结构
		泵房主体结构
		盾构井主体结构
		风井主体结构
		洞门
	矿山法	超前支护
		初支
		二衬
		洞门

6.2.5 建筑系统分类应符合表6.2.5的规定。

表 6.2.5 建筑系统分类

一级系统	二级系统
建筑	楼面-地面
	屋面
	建筑墙
	建筑幕墙
	建筑柱
	门窗
	楼梯
	建筑孔洞
	装饰构件
	无障碍设施
	基础

6.2.6 结构系统分类应符合表 6.2.6 的规定。

表 6.2.6 结构系统分类

一级系统	二级系统
结构	围护结构
	主体结构
	结构防水

6.2.7 轨道系统分类应符合表 6.2.7 的规定。

表 6.2.7 轨道系统分类

一级系统	二级系统	三级系统
轨道	轨道部件	钢轨及配件
		扣件系统
		轨枕
		道岔系统
	正线轨道道床	有砟道床
		轨枕埋入式整体道床
		弹性支承块式整体道床
		板式整体道床
		双块式整体道床
		减振结构
	轨道结构过渡段	辅助轨
	无缝线路	钢轨伸缩调节器
		位移观测桩
	站线轨道	钢轨
		扣件
		轨枕
		无砟轨道道床
		有砟轨道道床
	轨道附属设备及常备材料	护轨
		线路信号标志
		车挡

6.2.8 站场系统分类应符合表 6.2.8 的规定。

表 6.2.8 站场系统分类

一级系统	二级系统	三级系统
站场	站场构筑物	站台
	标志标牌	站名牌
		站界牌
		停车位置标
		警冲标
	止挡设备	车挡
		挡车器
		止轮土基
	防溜设备	停车器
		止轮器
		铁鞋
	安全、围护	围墙
		防护栅栏
	管沟	电缆槽
		综合管沟
	地面防排水	路基面纵向排水槽
		路基面横向排水槽

6.2.9 电力牵引供电系统分类应符合表 6.2.9 的规定。

表 6.2.9 电力牵引供电系统分类

一级系统	二级系统	三级系统
牵引供电	牵引变电	架构
		变配电设备
		防雷接地
		控制系统

续表6.2.9

一级系统	二级系统	三级系统
牵引供电	供电调度	调度机房设备
		调度台设备
	接触网	基础及拉线
		支柱
		支持定位装置
		接触悬挂
		附加悬挂
		接地及回流
		设备
		其他

6.2.10 电力系统分类应符合表 6.2.10 的规定。

表 6.2.10 电力系统分类

一级系统	二级系统
电力	供配电系统
	变、配电所
	电力线路
	电力运动
	机电设备监控系统(BAS)
	火灾自动报警系统(FAS)
	动力照明

6.2.11 通信系统分类应符合表 6.2.11 的规定。

表 6.2.11 通信系统分类

一级系统	二级系统	三级系统
通信	专用系统	通信干线线缆
		传输系统

续表6.2.11

一级系统	二级系统	三级系统
通信	专用系统	公务电话系统
		有线调度通信系统
		移动通信系统
		会议电视系统
		综合视频监控系统
		时钟同步及时间同步系统
		电源设备系统
		电源及设备环境监控系统
		综合布线系统
		架空支撑结构
		防雷接地
	通用设备材料	通用设备
		通用材料

6.2.12 信号系统分类应符合表 6.2.12 的规定。

表 6.2.12 信号系统分类

一级系统	二级系统
信号	行车指挥
	列车运行控制
	区间闭塞
	车站联锁
	信号检测及集中监测
	数据传输网络
	信号电源
	防雷接地

6.2.13 信息系统分类应符合表 6.2.13 的规定。

表 6.2.13 信息系统分类

一级系统	二级系统
信息系统	运营调度管理系统
	客票系统
	旅客服务信息系统
	动车组管理信息系统
	计算机网络
	信息安全
	其他信息系统

6.2.14 机辆设备系统分类应符合表 6.2.14 的规定。

表 6.2.14 机辆设备系统分类

一级系统	二级系统	三级系统
机辆设备	车辆检修基地设备	转向架检修库设备
		四、五级修库设备
		三级修库设备
		静调库设备
		部件解体组装库设备
		车体检修库设备
		油漆库设备
	车辆段设备	检查库设备
		检查库边跨设备
		临修镟轮库设备
		洗车库设备
		动态综合检测设备
		救援设备
		其他工艺及运营生产设备
	停车场设备	工艺及运营生产设备

6.2.15 维修设施系统分类应符合表 6.2.15 的规定。

表 6.2.15 维修设施系统分类

一级系统	二级系统	三级系统
维修设施	综合维修中心(工区)	工务车间
		机电车间
		供电车间
		通号车间
		熔焊车间
		材料备品间
	物资库	物资总库
		易燃品库
	工程车库	工程车库
	材料棚	材料棚
	救援设备	救援设备及设施

6.2.16 给水排水系统分类应符合表 6.2.16 的规定。

表 6.2.16 给水排水系统分类

一级系统	二级系统
给水排水	生活给水系统
	消防给水系统
	路面排水系统
	桥面排水系统
	污水排水系统
	废水排水系统

6.2.17 通风与空调系统分类应符合表 6.2.17 的规定。

表 6.2.17 通风与空调系统分类

一级系统	二级系统	三级系统
通风与空调	通风	送风系统
		排风系统
	排烟	排烟系统
		补风系统
	空调	分体空调
		变频多联系统
		空调水系统
		空调送风系统
		空调回风系统

6.2.18 综合接地系统分类应符合表 6.2.18 的规定。

表 6.2.18 综合接地系统分类

一级系统	二级系统	三级系统
综合接地	防雷接地系统	贯通地线
		接地体(极)
		接地线
	等电位连接系统	等电位联结线

6.2.19 防灾系统分类应符合表 6.2.19 的规定。

表 6.2.19 防灾系统分类

一级系统	二级系统	三级系统
防灾	建(构)筑物防火	防火卷帘
		防火门
	消防给水与灭火装置	自动灭火系统
		消防给水加压设施
		消防池
		消火栓
		灭火器

续表6.2.19

一级系统	二级系统	三级系统
防灾	防烟、排烟与事故通风	机械防烟、排烟设施
		挡烟垂壁
		排烟管道系统
		防火阀
		排烟设备
	防灾用电与应急照明	消防用电设备系统
		火灾应急照明系统

6.2.20 环境保护系统分类应符合表6.2.20的规定。

表6.2.20 环境保护系统分类

一级系统	二级系统
环境保护	声环境保护
	振动环境保护
	水环境保护

6.2.21 景观系统分类应符合表6.2.21的规定。

表6.2.21 景观系统分类

一级系统	二级系统
景观	植物配置
	铺装
	电气
	给排水
	小品

6.3 编码分类

6.3.1 市域铁路模型编码采用全数字编码方式，编码包括物理位置编码、分类编码、细类编码，各代码之间采用“-”连接。

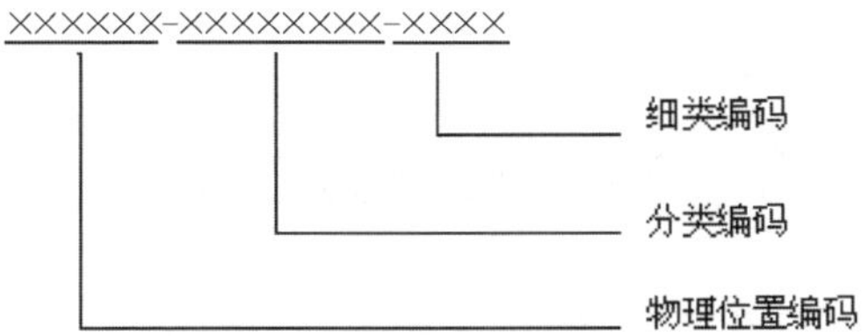

6.3.2 物理位置编码指模型单元所在地点由线路编码和位置编码组成，采用6位数字型代码表示，代码之间采用“-”连接。

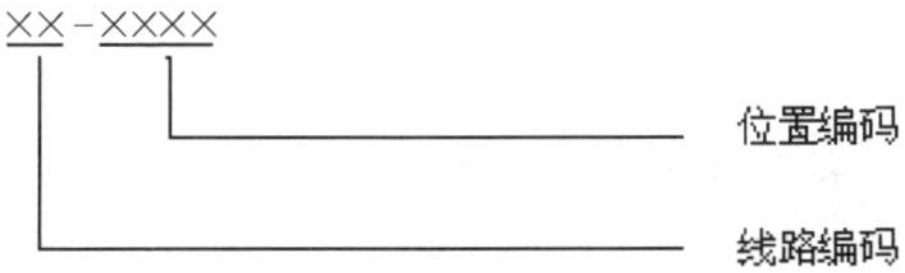

6.3.3 线路编码表示模型单元当前所在线路，上海市域铁路线路应编制数字型代码；位置编码表示模型构件具体位置，所处的车站、区间及其他特殊位置，采用4位数字型代码。位置代码应符合以下规定：

1 车站编码采用该车站号码重复两次表示。

2 区间编码采用两车站号码联合表示，两车站号码的顺序根据线路上、下行方向确定。

3 特殊位置代码，如车辆基地、调度中心等，根据市域铁路的总体编码规定确定。

6.3.4 分类编码由表代码和分类代码组成，采用8位数字型代码，二者之间采用“-”连接；分类对象代码由大类代码、中类代码、小类代码三层代码组成，各层代码之间用“.”隔开。

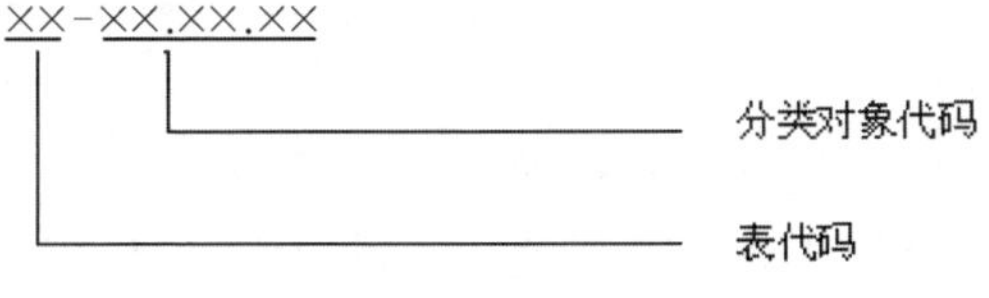

6.3.5 细类编码指相同位置编码的同种模型单元的区分码，采用4位数字型代码表示。细类编码的使用范围从“0001”至“9999”。

7 整体行为要求

7.1 一般规定

7.1.1 市域铁路建筑信息模型的创建行为应符合下列规定：

1 分项行为有明确规定的，模型的创建行为应按照本标准第 8 章的规定执行。

2 分项行为未有明确规定的，模型的创建行为应按照整体行为要求规定执行。

7.1.2 总体模型应采用统一坐标系统及高程系统。

7.1.3 总体模型宜采用米为项目单位，局部模型宜采用毫米为项目单位。

7.1.4 在项目开始前，应制定项目 BIM 软件使用计划，包括各专业 BIM 设计软件使用方案、BIM 分析软件使用方案和 BIM 展示软件使用方案等内容。

7.1.5 在项目开始前，宜按照项目文件夹管理架构要求建立项目文件夹，供各参与方协同使用，宜使用 BIM 管理软件对项目文件夹进行管理。

7.1.6 模型实施过程中，应根据阶段、用途、专业等划分子模型，子模型应能够独立进行模型应用，各子模型应相对独立，模型内容可重复使用。

7.1.7 模型创建过程中，宜按照本标准第 9.4 节模型单元交付深度，根据设计阶段几何表达精度的交付要求，创建模型实体。

7.1.8 模型创建过程中，宜按照本标准第 9.4 节模型单元交付深度，根据设计阶段信息深度的交付要求，在模型中创建并录入信息。

7.1.9 模型创建过程中，模型及电子文件命名规则应满足本标准第 7.3 和 7.4 节的规定。

7.1.10 模型创建过程中，模型单元的命名规则应满足本标准第 7.3、7.5、7.6 和 7.7 节的规定。

7.1.11 模型创建过程中，模型材质的命名规则应满足本标准第 7.3、7.8 节的规定。

7.1.12 模型创建过程中，模型视图的命名规则应满足本标准第 7.3和 7.9 节的规定。

7.1.13 模型创建过程中，宜按照本标准第 7.10 节的视图要求，生成符合设计要求的模型视图。

7.1.14 模型创建过程中，宜按照本标准第 7.11 节的建筑结构扣减规则建模，生成符合工程量计算的模型。

7.1.15 模型创建过程中，宜按照本标准第 7.12 节的模型图形管理要求，为模型单元设置颜色。

7.1.16 模型在设计过程中应采用协同工作方式，协同工作应满足本标准第 7.13 节的规定。

7.2 项目文件夹管理架构

7.2.1 项目文件夹管理架构宜分级建立，宜使用协同平台创建并管理项目文件夹，并应为不同项目参与方分配不同的文件夹访问权限。

7.2.2 项目文件夹命名规则宜符合本标准第 7.3 节的规定。

7.2.3 项目文件夹中应设立“资源库”文件夹，标准模板、构件库、材质库和其他通用数据应存放在“资源库”文件夹中，供整个项目团队使用。

7.2.4 项目文件夹中应设立“外部参考”文件夹，由外部机构正式提供的数据，应存放在“外部参考”文件夹中，供整个项目团队使用。

7.2.5 项目文件夹中应设立“工作中”文件夹，正在构建中的内容，未经审核和确认的信息，应存放在“工作中”文件夹中，且不宜共享。

7.2.6 项目文件夹中应设立“共享”文件夹，经过审核和批准的模型及信息、不同 BIM 软件之间的数据交换信息，应存放在“共享”文件夹中。

7.2.7 项目文件夹中应设立“出版”文件夹，正式图纸和其他一些从共享信息中生成的数据，包括施工图和报告等，应存放在“出版”文件夹中。

7.2.8 项目文件夹中应设立“存档”文件夹，在设计流程的每个关键阶段交付完成时，BIM 数据的完整版本和相关的图纸交付材料应在“存档”文件夹中备份。

7.2.9 项目文件夹中应设立“项目管理”文件夹，项目计划、会议纪要、项目汇报文件、进度计划和项目总结等，应存放在“项目管理”文件夹中。

7.3 命名基本规则

7.3.1 文件夹名称、模型及电子文件名称、模型中的模型单元名称及属性名、视图名应简明且易于识别，并符合下列要求：

1 命名应使用汉字、大写英文字母 A－Z、小写英文字母 a－z、半角连字符“-”、半角下划线“_”和数字的组合。

2 名称应由一组字段或多组字段组成。

3 字段内部宜使用半角连字符“-”、字段之间宜使用半角下划线“_”分隔。

4 不可出现空格。

7.3.2 同一项目中，表达相同工程对象的模型单元命名应具有一致性。

7.4 项目级模型电子文件命名规则

7.4.1 模型及电子文件宜按照【项目】_【模型类别】_【设计阶段】_【文件类型】_〖描述〗_【日期】的形式命名。

注:【 】内容为必选项,〖 〗内容为可选项。

7.4.2 项目字段宜使用项目代码表示,应符合市域铁路工程相关项目编号编制文件的规定。

7.4.3 阶段字段宜使用设计阶段代码表示,设计阶段代码应符合表7.4.3的规定,并应符合市域铁路工程项目相关阶段划分编制文件的规定。

表 7.4.3 设计阶段代码

代码	阶段
KY	可行性研究阶段
CS	初步设计阶段
SS	施工图设计阶段

7.4.4 工点字段宜使用工点代码表示,应符合市域铁路工程项目相关工点编号编制文件的规定。

7.4.5 分区字段宜使用分区代码表示,应符合市域铁路工程项目相关分区代码编制文件的规定。

7.4.6 专业字段宜使用专业代码表示,专业代码应符合本标准表6.1.1的规定。模型文件为跨专业时,字段内宜使用连字符"-"来隔开不同专业以表示跨专业。

7.4.7 文件类型宜使用文件类型代码表示,应符合市域铁路工程项目相关文件类型代码编制文件的规定。

7.4.8 描述字段宜为区别其他字段的补充信息,宜使用汉字。

7.4.9 日期宜为模型文件完成日期,采用8位数字表示,前四位代表年,中间两位代表月,最后两位代表日。

7.4.10 模型及电子文件命名除应符合本标准第 7.3 节外，还应符合下列规定：

1 使用半角点字符“.”来隔开文件名与后缀。除此以外，该字符不得用于文件名称的其他地方。

2 不得修改或删除文件名后缀。

3 应考虑文件名的长度和可操作性，应对字符长度进行限制。

7.5 功能级模型单元命名规则

7.5.1 模型中的功能级模型单元命名应只包含功能级模型单元的一般信息，其余信息宜在属性中添加。

7.5.2 功能级模型单元宜按照【专业】_【系统名称】_〖区域、分段、部位〗_〖描述〗的形式命名。

注:【 】内容为必选项,〖 〗内容为可选项。

7.5.3 专业字段宜使用汉字表示，并应与本标准第 6 章中专业分类保持一致。

7.5.4 系统名称字段宜使用汉字表示，宜与本标准第 6 章中系统名称保持一致。

7.5.5 区域、分段、部位字段信息宜表达功能级模型单元在项目中的位置，应易于识别。

7.5.6 描述字段可自定义，应在区域、分段、部位字段的基础上进一步区别模型单元。

7.5.7 功能级模型单元几何表达精度字段信息应与功能级模型单元的实际几何表达精度一致。

7.6 构件级模型单元命名规则

7.6.1 模型中的构件命名应只包含构件的一般信息，其余信息宜在属性中添加。

7.6.2 构件宜按照【专业】_【构件名称】_〖构件形式、规格〗_〖构件尺寸、标识〗的形式命名。

注:【 】内容为必选项,〖 〗内容为可选项。

7.6.3 专业字段宜使用汉字表示,并应与本标准第6章中的专业分类保持一致。

7.6.4 构件名称字段宜使用汉字表示,宜与本标准附录A～附录T中构件的名称保持一致。

7.6.5 构件形式、规格字段信息宜与设计相一致。

7.6.6 构件尺寸、标识字段信息应反映构件的主要特性或部位。

7.6.7 构件几何表达精度字段信息应与构件的实际几何表达精度一致。

7.6.8 机电专业管线构件命名满足专业需求即可。

7.7 零件级模型单元命名规则

7.7.1 模型中的零件命名应只包含零件的一般信息,其余信息宜在属性中添加。

7.7.2 零件宜按照【构件】_【零件名称】_〖描述〗_【零件规格】的形式命名。

注:【 】内容为必选项,〖 〗内容为可选项。

7.7.3 构件字段宜使用汉字表示,宜与本标准附录A～附录V中构件的名称保持一致。

7.7.4 零件名称字段宜使用汉字表示,宜与本标准附录A～附录V中零件的名称保持一致。

7.7.5 描述字段可自定义,字段信息应使零件易于识别。

7.7.6 零件几何表达精度字段信息应与零件的实际几何表达精度一致。

7.8 模型材质命名规则

7.8.1 模型材质命名应分类清晰，便于查找。

7.8.2 模型材质宜按照【材质类别】_【材质名称】_〖材质特性〗的形式命名。

注：【 】内容为必选项，〖 〗内容为可选项。

7.8.3 材质类别宜使用汉字表示。

7.8.4 材质名称宜使用汉字表示。

7.8.5 材质特性宜在材质名称的基础上，反映材质颜色、规格等信息。

7.9 模型视图命名规则

7.9.1 模型视图宜按照【专业】_【视图内容】_〖描述〗_【视图类型】的形式命名。

注：【 】内容为必选项，〖 〗内容为可选项。

7.9.2 专业字段宜使用汉字表示，应与本标准第 6 章中的专业分类相一致。

7.9.3 视图内容字段宜使用汉字表示，应反映视图的方向、位置和视图中展示的内容等信息。

7.9.4 描述字段可自定义，应在视图内容字段的基础上进一步反映视图的具体信息。

7.9.5 视图类型字段宜使用汉字与字母的集合表示，包括平面、立面、剖面和三维等。

7.10 模型视图要求

7.10.1 模型中的视图集合应能完整反映此模型的内容。

7.10.2 模型视图宜在视图所见模型的最小范围内，绘制标注及注释等二维元素。

7.10.3 平面视图设置应满足下列要求：

1 应在模型的关键标高处设置平面视图。

2 宜在模型变化的标高处设置平面视图。

3 平面剖切处轮廓宜用粗实线表示，其他轮廓宜用细线表示。

7.10.4 立面视图设置应满足下列要求：

1 应在模型的关键方向上设置立面视图。

2 立面视图应只保留所在方向能看到的轮廓。

3 应在立面视图中绘制标高信息。

7.10.5 剖面视图设置应满足下列要求：

1 应在模型有代表性位置处设置一个或多个剖面，如模型变化处、孔、洞、槽等位置。

2 在剖面图中剖切处轮廓宜用粗实线表示，其他轮廓宜用细线表示。

7.10.6 平面、立面、剖面视图应保证视图线型、标注、注释等二维元素的可阅读性，应按照视图内容及范围设置合适的视图比例、模型线型、标注样式、标注线型和字体高度等，且应满足国家及行业二维出图的规定。

7.10.7 除平面、立面、剖面等视图外，还应设置三维视图。三维视图设置应满足下列要求：

1 应在模型中除平面、立面、剖面位置处的关键方向上设置三维视图。

2 应在模型有代表性位置处设置一个或多个局部三维视图，如模型变化处、孔、洞、槽等位置。

3 宜在三维视图中表达模型的真实材质或系统颜色。

4 宜在三维视图中对模型关键信息进行标注及注释。

7.11 建筑结构空间占位规则

7.11.1 不同材质的模型单元应各自表达,不应相互重叠或剪切。

7.11.2 现浇混凝土材料的模型单元的空间占位应符合下列规定:

1 较高强度混凝土构配件的模型单元不应被较低强度混凝土构配件的模型单元重叠或剪切。

2 当混凝土强度相同时,模型单元优先级应符合表7.11.2的规定,其中优先级较高的模型单元不应被优先级较低的模型单元重叠或剪切,优先级相同的模型单元不宜重叠。

表 7.11.2 混凝土强度相同的模型单元优先级

模型单元名称	优先级
基础	1
结构柱	2
结构梁	3
结构墙	4
结构板	5
建筑柱	6
建筑墙	7

注:1 优先级 1 为最高级,2 次之,依次类推。
2 结构梁与结构墙的模型单元优先级尚应符合市域铁路工程项目现行有关工程量计算规则。

7.12 模型图形管理要求

7.12.1 模型单元应根据工程对象的系统分类设置颜色,并应符合下列规定:

1 一级系统之间应采用不同色系的颜色,清晰鲜明,便于视觉区分，且不应采用红色系。

2 二级系统应分别采用从属于一级系统色系的不同颜色。

3 与消防有关的二级系统以及消防救援产地、救援窗口等应采用红色系。

7.12.2 构件级模型单元的颜色缺省值应与所属的系统颜色相同。

7.12.3 属于两个及以上系统的模型单元，其颜色设置应符合下列规定：

1 根据项目应用需求可由项目参与方自定义，并宜在 BIM 设计应用实施计划中说明定义的方法。

2 与消防有关的模型单元，宜采用所归属消防类系统的颜色设置。

7.12.4 图形表面填充图案和截面填充图案、模型在二维视图中的线型设置应与二维出图样式一致，并应与国家及行业二维出图相关规定相一致。

7.13 协同工作要求

7.13.1 在项目开始前，建设单位宜提供工程项目建设管理平台，为建设单位、设计单位、咨询单位、施工单位和监理单位等工程参与方构建协同工作环境。

7.13.2 在项目开始前，各设计单位应在建设单位的协调下确定各专业 BIM 软件选型、BIM 软件版本、BIM 模型及电子文件交付格式等内容，确定设计单位间的协同机制。

7.13.3 设计单位根据选用的 BIM 相关软件，采用对应的设计协同平台，为本单位专业设计人员构建设计协同环境。

7.13.4 在项目开始前，各参与单位宜采用统一的项目模板、构件库、材质库等资源文件，并将资源文件存放在“资源库”文件夹中。

7.13.5 设计单位应按照本标准第 9 章中的交付要求定期向市域铁路建设单位提交成果文件。

7.13.6 成果文件上传提交前,应进行准确性、完整性和一致性检查,并应对交付成果进行校审、修正。

8 分项行为要求

8.1 一般规定

8.1.1 线路、路基、车站建筑、车站结构、轨道、站场、电力、信息、调度中心、机辆设备、维修设施、给水排水、通风与空调、综合接地、防灾、环境保护和景观等分项行为要求宜参照本标准第 7 章的规定执行。

8.1.2 桥涵、隧道、电力牵引供电、通信、信号等专业 BIM 模型的创建行为应符合下列规定：

1 对应分项行为有明确规定的，模型的创建行为应按照本章对应条目分项行为要求的规定执行。

2 对应分项行为未有明确规定的，模型的创建行为应按照本标准第 7 章的规定执行。

8.2 桥涵分项行为要求

8.2.1 桥涵模型及电子文件命名规则应符合下列规定：

1 工点（分区）桥梁专业整合模型可按本标准第 7.4.1 条规则命名。

2 整合模型中独立的桥梁工点可按照"【桥梁中心里程】_【桥梁工点名称】_【起止里程】"的形式命名，例如 DK100＋000_××特大桥_DK90＋000-DK110＋000。涵洞工点可按照"【设计里程】_【结构式样】"的形式命名，例如：DK100＋000_1-5m 盖板涵。

8.2.2 桥梁专业构件命名规则可按照本标准第7.6节的规定执行，构件名称宜与本标准表6.2.3及表9.4.6桥梁部分内容保持一致。

8.3 电力牵引供电分项行为要求

8.3.1 牵引供电模型视图要求按本标准第7.10节执行，在G3几何精度及以上时，牵引供电网模型应设置安装关键位置的断面图，如进线架构、出线架构及能表示压互、避雷器接线方式的断面，并满足相应阶段二维出图的要求。

8.4 通信分项行为要求

8.4.1 通信分项行为基本规定应符合下列规定：

1 通信专业各类命名规则按照本标准第7章中的规定执行。

2 通信系统模型宜采用毫米为单位。

3 通信系统宜独立建立本专业子模型。

8.4.2 通信模型视图要求应符合下列规定：

1 通信系统应创建本专业的模型视图，模型视图应满足本标准第7.10节的规定。

2 平面、立面、剖面视图宜满足相应阶段二维出图要求。

8.4.3 通信协同工作要求应符合下列规定：

1 通信系统协同工作应满足本标准第7.13节的规定。

2 通信系统应在接收到站场、路基、桥梁、隧道、建筑、结构等前置专业模型后进行本专业模型设计。

8.5 信号分项行为要求

8.5.1 信号分项行为基本规定应符合下列规定：

1 信号系统模型宜采用毫米为单位。

2 信号系统宜独立建立本专业子模型。

8.5.2 信号模型视图要求应符合下列规定：

1 信号系统应创建本专业的模型视图，模型视图应满足本标准第7.10节的规定。

2 平面、立面、剖面视图应满足相应阶段二维出图要求。

8.5.3 信号协同工作要求应符合下列规定：

1 信号系统协同工作应满足本标准第7.13节的规定。

2 信号系统应在接收到站场、轨道、路基、桥梁、隧道、建筑、结构等前置专业模型后进行本专业模型设计。

9 交付要求

9.1 一般规定

9.1.1 市域铁路 BIM 交付应包括设计阶段的交付和面向应用的交付，BIM 交付物应符合下列规定：

1 设计阶段的交付，应在设计流程的每个关键阶段，根据设计阶段要求，从 BIM 设计成果中提取所需的交付信息形成交付物。

2 面向应用的交付，应按照本标准第 10 章的规定，在应用完成时，由 BIM 应用产生的分析报告、模拟视频、渲染图片、数据表格等交付物。

3 BIM 交付的交付物代码及类别应符合表 9.1.1 的规定。

表 9.1.1 交付物的代码及类别

代码	交付物的类别	备注
D1	模型	可独立交付
D2	属性信息表	宜与 D1 类共同交付
D3	工程图纸	可独立交付
D4	模型执行计划	宜与 D1 类共同交付
D5	图片	可独立交付
D6	视频	可独立交付
D7	报告	可独立交付
D8	可执行文件	可独立交付

注：工程图纸包含电子工程图纸文件。

9.1.2 交付物交付前及交付后，交付方及接收方应按照本标准对完整性、合规性、准确性和一致性等内容审查。

9.1.3 交付物宜使用 BIM 管理平台集中管理，并设置数据访问权限，不宜采用移动介质或其他方式分发交付。

9.1.4 交付物应保障所有文件连接、信息链接的有效性。

9.2 成果交付内容

9.2.1 交付物应包括模型，宜包括属性信息表、工程图纸、模型执行计划、图片、视频、报告及可执行文件等。

9.2.2 设计阶段交付物应符合表 9.2.2 的要求。

表 9.2.2 设计阶段和竣工移交的交付物

代码	交付物的类别	可行性研究阶段	初步设计阶段	施工图设计阶段
D1	模型	△	▲	▲
D2	属性信息表	—	△	△
D3	工程图纸	—	△	▲
D4	模型执行计划	—	△	▲
D5	图片	△	△	△
D6	视频	—	△	△
D7	报告	—	△	▲
D8	可执行文件	—	△	△

注：表中“▲”表示应具备，“△”表示宜具备，“－”表示可不具备。

9.2.3 模型的交付内容应符合下列规定：

1 应包含设计阶段交付所需的全部模型单元实体。

2 应包含设计阶段交付所需的全部设计信息。

3 应基于模型单元进行信息交换和迭代。

4　当索引其他类别交付物时，并应确保关联路径有效。

5　宜包括模型视图、表格、文档、图像、点云、多媒体及网页，各种表达方式间应具有关联访问关系。

9.2.4　属性信息表的交付内容应符合下列规定：

1　应按照阶段交付深度要求，包含相应的项目级、功能级和构件级模型单元信息。

2　应包含模型单元的身份识别信息，并应确保与模型具有一一对应的关系。

3　属性信息表中的信息宜从模型中直接提取生成。

4　属性信息表宜与模型一同交付，并应具有版本关联关系。

9.2.5　工程图纸的交付内容应符合下列规定：

1　应基于模型的视图和表格加工而成。

2　应符合现行《城市轨道交通工程设计文件编制深度规定》《铁路建设项目预可行性研究、可行性研究和设计文件编制办法》内容编制深度。

3　电子工程图纸文件可索引其他交付物；交付时，应一同交付，并应确保关联路径有效。

9.2.6　模型执行计划的交付内容应符合下列规定：

1　应包含项目简述，包括项目名称、项目简称、项目代码、项目类型、规模、应用需求等信息。

2　应包含模型设计信息命名、分类和编码以及所采用的标准名称和版本。

3　应包含模型的精细度说明，当不同的模型单元具备不同的建模精度要求时，分项列出模型精细度。

4　应包含模型单元的几何表达精度和信息深度。

5　应包含交付物类别。

6　应包含软硬件工作环境，简要说明文件组织方式。

7　应包含项目的基础资源配置和人力资源配置。

8　应包含非标准规定的自定义内容。

9.2.7 图片的交付内容应符合下列规定：

1 应基于模型视图或相关分析模拟应用软件导出。

2 应包含图片名称及图片说明。

3 图片应反映图片主题内容，图片中的主要内容应清晰可见。

9.2.8 视频的交付内容应符合下列规定：

1 应基于模型或相关分析模拟应用软件导出。

2 视频应反映视频主题内容，视频内容应清晰流畅。

3 视频中宜包含视频名称、制作方、视频日期、视频分镜头标题等字幕。

9.2.9 报告的交付内容应符合下列规定：

1 应基于模型的几何实体及设计信息，进行分析模拟应用。

2 应包含项目名称、应用需求、分析模拟条件、输入参数、分析模拟结果和结论等内容。

3 应包含报告所基于模型的名称及版本号。

9.2.10 可执行文件的交付内容应符合下列规定：

1 可执行文件应包含 BIM 应用所需的模型单元及属性信息。

2 可执行文件应包含 BIM 应用的模拟、仿真成果。

3 可执行文件应支持 BIM 应用所使用的硬件。

4 应包含可执行文件的使用说明。

9.3 成果交付格式

9.3.1 成果交付格式应满足交付物共享、传递和使用的需求。

9.3.2 成果交付物格式应符合表 9.3.2 的要求。

表 9.3.2 交付物格式要求

代码	交付物的类别	交付格式要求	备注
D1	模型	宜交付轻量化后的不可编辑的模型格式文件或包含模型的可执行文件，亦可交付建模软件可编辑的原始模型格式文件	模型文件应在交付内容满足本标准第 9.2.3 条要求的前提下，尽量缩减文件大小
D2	属性信息表	可选用数据文本、电子表格、数据库文件等格式；具体格式应根据所容纳信息类型的丰富程度选取	属性信息表应在交付内容满足本标准第 9.2.4 条要求的前提下，尽量使用占用存储空间较小的文件格式交付
D3	工程图纸	纸质工程图纸应按国家相关规定选用相应纸张；电子工程图纸宜交付不可编辑的电子文档格式的电子文件，亦可交付可编辑的原始电子图纸格式文件，电子文件宜经过加密设置	工程图纸交付内容应满足本标准第 9.2.5 条的要求
D4	模型执行计划	应交付不可编辑的电子文档格式文件或纸质文件	模型执行计划交付内容应满足本标准第 9.2.6 条的要求
D5	图片	在应用程序输出图片时，应选择常用的图片格式交付，分辨率不宜小于 1920×1080	应根据应用需求，选取合适的图片分辨率
D6	视频	在应用程序输出视频时，应选择常用的视频格式交付；分辨率不宜小于 1280 × 720，帧率不宜小于 25 帧/秒，内容时长应以充分说明所表达内容为准	在分辨率大小、帧率、时长固定的情况下，应选择占用存储空间较小的文件格式交付
D7	报告	应交付不可编辑的电子文档格式文件或纸质文件	报告交付内容应满足本标准第 9.2.9 条的要求
D8	可执行文件	可执行文件格式应能在常规操作系统中打开	可执行文件交付内容应满足本标准第 9.2.10 条的要求

9.4 模型单元交付深度

9.4.1 设计阶段交付的模型，模型精细度应符合下列规定：

1 可行性研究阶段模型精细度等级不宜低于 LOD1.0。

2 初步设计阶段模型精细度等级不宜低于 LOD2.0。

3 施工图设计阶段模型精细度等级不宜低于 LOD3.0。

9.4.2 模型精细度为 LOD1.0 的模型单元均可不区分构造层次。

9.4.3 模型单元的创建在各阶段宜符合本标准第 9.4.4～第 9.4.24 条的规定，并应按下列规定执行：

1 模型单元交付深度表格中内容为“—”的模型单元，在对应阶段可不构建实体模型及其相应设计信息。

2 模型单元交付深度表格中内容仅规定信息深度的模型单元，其信息若能在不构建实体模型的情况下提取，在对应阶段可不构建实体模型；若不能提取，在对应阶段宜构建实体模型作为信息载体。

3 各专业模型单元中管线直径或断面最大尺寸小于等于 50mm 的可不进行几何表达。

9.4.4 线路工程对象模型单元交付深度宜符合表 9.4.4 的规定。

表 9.4.4 线路工程对象模型单元交付深度

工程对象		工可	初步设计	施工图设计
线路平面	平面直线	G1-N1	G1-N1	G2-N2
	圆曲线	G1-N1	G1-N1	G2-N2
线路纵断面	纵断面	G1-N1	G1-N1	G2-N2
	竖曲线	G1-N1	G1-N1	G2-N2
标志标牌	公里标	G1-N1	G1-N1	G2-N2
	半公里标	G1-N1	G1-N1	G2-N2
	百米标	G1-N1	G1-N1	G2-N2

续表9.4.4

工程对象		工可	初步设计	施工图设计
标志标牌	曲线标	G1-N1	G1-N1	G2-N2
	缓和曲线、圆曲线起终点标	G1-N1	G1-N1	G2-N2
	坡度标	G1-N1	G1-N1	G2-N2
	竖曲线起终点标	G1-N1	G1-N1	G2-N2
	用地界标	G1-N1	G1-N1	G2-N2

9.4.5 路基工程对象模型单元交付深度应符合表9.4.5的规定。

表9.4.5 路基工程对象模型单元交付深度

工程对象		工可	初步设计	施工图设计
基床及以下	基床表层	N1	G1-N1	G2-N2
	基床底层	N1	G2-N1	G3-N2
	基床以下路堤	N1	G2-N1	G3-N2
边坡防护	骨架护坡	—	G2-N1	G3-N2
	空心砖护坡	—	G2-N1	G3-N2
	片石护坡	—	G2-N1	G3-N2
	其他护坡	—	G2-N1	G3-N2
支挡结构	重力式挡墙	N1	G2-N1	G3-N2
	扶壁式挡墙	N1	G2-N1	G3-N2
	悬臂式挡墙	N1	G2-N1	G3-N2
	U形槽	N1	G2-N1	G3-N2
	桩板墙	N1	G2-N1	G3-N2
地基加固	垫层	—	G2-N1	G3-N2
	换填	—	G2-N1	G3-N2
	复合地基	N1	G2-N1	G3-N2
	筏板	N1	G2-N1	G3-N2
	桩基	N1	G2-N1	G3-N2

续表9.4.5

工程对象		工可	初步设计	施工图设计
路基排水	盲沟	—	G2-N1	G3-N2
	侧沟	—	G2-N1	G3-N2
	拦水坎	—	G2-N1	G3-N2

9.4.6 桥涵工程对象模型单元交付深度应符合表9.4.6的规定。

表9.4.6 桥涵工程对象模型单元交付深度

工程对象		工可	初步设计	施工图设计
梁部	混凝土梁	G1-N1	G2-N2	G3-N3
	钢梁	G1-N1	G2-N2	G3-N3
	钢-混凝土组合梁	G1-N1	G2-N2	G3-N3
拱	钢筋混凝土拱	G1-N1	G2-N2	G4-N3
	钢桁拱	G1-N1	G2-N2	G4-N3
	钢管拱	G1-N1	G2-N2	G4-N3
	钢箱拱	G1-N1	G2-N2	G4-N3
	拱座	N1	G2-N2	G4-N3
	横撑	N1	G2-N2	G4-N3
缆索	主缆	N1	G2-N2	G4-N3
	吊杆	N1	G2-N2	G4-N3
	索夹	N1	G2-N2	G4-N3
	锚座	N1	G2-N2	G4-N3
	锚碇	G1-N1	G2-N2	G4-N3
桥面系	接触网基础	—	G2-N2	G3-N3
	护栏板	—	G2-N2	G3-N3
	声屏障基础	—	G2-N2	G3-N3
	防护网	—	G2-N2	G3-N3
	竖墙	—	G2-N2	G3-N3
	道砟槽	—	G2-N2	G3-N3

续表9.4.6

工程对象		工可	初步设计	施工图设计
桥面系	人行道板	—	G2-N2	G3-N3
	挡水墙	—	G2-N2	G3-N3
	伸缩缝	—	G2-N2	G3-N3
	角钢支架	—	G2-N2	G3-N3
	电缆槽	—	G2-N2	G3-N3
桥墩	墩身	G1-N1	G2-N2	G3-N3
	墩柱	G1-N1	G2-N2	G3-N3
	盖梁	G1-N1	G2-N2	G3-N3
	垫石	—	G2-N2	G3-N3
桥台	台身	G1-N1	G2-N2	G3-N3
	台帽	G1-N1	G2-N2	G3-N3
	垫石	—	G2-N2	G3-N3
桥塔	混凝土塔柱	G1-N1	G2-N2	G3-N3
	钢塔柱	G1-N1	G2-N2	G3-N3
	混凝土系梁	N1	G2-N2	G3-N3
	钢系梁	N1	G2-N2	G3-N3
	鞍座	—	G1-N1	G3-N3
	锚固系统	—	G1-N1	G3-N3
基础	承台	G1-N1	G2-N2	G3-N3
	桩基	G1-N1	G2-N2	G3-N3
	明挖扩大基础	G1-N1	G2-N2	G3-N3
	挖井基础	G1-N1	G2-N2	G3-N3
	沉井基础	G1-N1	G2-N2	G3-N3
附属设施	吊围栏	—	G1-N1	G3-N3
	检查梯	—	G1-N1	G3-N3
	防护门	—	G1-N1	G3-N3
	防撞设施	—	G1-N1	G3-N3

续表9.4.6

工程对象		工可	初步设计	施工图设计
附属设施	限高架	—	G1-N1	G3-N3
	防排水设施	—	G1-N1	G3-N3
	锥体	N1	G1-N1	G3-N3
	沉降观测标	—	G1-N1	G3-N3
	综合接地	—	G1-N1	G3-N3
	检测管	—	G1-N1	G3-N3
	导流工程	N1	G1-N1	G3-N3
	改沟顺接工程	N1	G1-N1	G3-N3
	护栏	N1	G1-N1	G3-N3
	疏散平台	N1	G1-N1	G3-N3
支撑系统	梁底楔形块	—	G2-N2	G3-N3
	支座	—	G2-N2	G3-N3
	阻尼器	—	G2-N2	G3-N3
预应力系统	钢绞线	—	G2-N2	G3-N3
	波纹管	—	G2-N2	G3-N3
	锚具	—	G2-N2	G3-N3
	齿块	—	G2-N2	G3-N3
框架桥	箱身	G1-N1	G2-N2	G3-N3
	出入口	G1-N1	G2-N2	G3-N3
	出入口铺砌	G1-N1	G2-N2	G3-N3
	明挖扩大基础	G1-N1	G2-N2	G3-N3
	桩基础	G1-N1	G2-N2	G3-N3
涵洞	涵身	G1-N1	G2-N2	G3-N3
	出入口	G1-N1	G2-N2	G3-N3
	出入口铺砌	G1-N1	G2-N2	G3-N3
钢筋	普通钢筋	—	—	G3-N3

续表9.4.6

工程对象		工可	初步设计	施工图设计
施工辅助设施	栈桥	—	—	G2-N2
	便桥	—	—	G2-N2
	钢围堰	—	—	G2-N2
	工作平台	—	—	G2-N2
	钢套筒	—	—	G1-N1
	钢板桩	—	—	G1-N1
	塔吊	—	—	G1-N1
	挂篮	—	—	G1-N1
	支架	—	—	G1-N1
	移动模架	—	—	G1-N1
	施工防护棚架	—	—	G1-N1

9.4.7 隧道工程对象模型单元交付深度应符合表9.4.7的规定。

表 9.4.7 隧道工程对象模型单元交付深度

工程对象		工可	初步设计	施工图设计
衬砌圆环管片	标准块	G1	G2-N1	G2-N2
	临接块	G1	G2-N1	G2-N2
	封顶块	G1	G2-N1	G2-N2
	螺栓	—	N1	N2
	螺帽	—	—	N2
	垫片	—	—	N2
	手孔	—	—	N2
	注浆孔	—	—	N2
	注浆管	—	—	N2
	吊装孔	—	—	N2
	海绵橡胶条	—	—	N2
	弹性橡胶密封垫	—	—	N2

续表9.4.7

工程对象		工可	初步设计	施工图设计
衬砌圆环管片	聚醚型聚氨酯弹性体	—	—	N2
	泡沫棒	—	—	N2
	聚硫密封胶	—	—	N2
	丁腈软木橡胶衬垫	—	—	N2
	定位棒	—	—	N2
特殊衬砌圆环管片	铸铁管片	—	G2-N1	G2-N2
	钢管片	—	G2-N1	G2-N2
	复合管片	—	G2	G2-N2
	负环管片	—	G2	G2-N2
内部结构	疏散平台	—	G2-N1	G2-N2
	电缆槽	—	G2-N1	G2-N2
	口字件	—	G2-N1	G2-N2
	左边箱涵	—	G2-N1	G2-N2
	右边箱涵	—	G2-N1	G2-N2
	中隔墙	—	G2-N1	G2-N2
	牛腿	—	G2-N1	G2-N2
	螺栓	—	—	N2
	垫层	—	—	G2-N2
	平台扶手	—	—	G3-N2
	钢梯	—	—	G3-N2
	盖板	—	—	G3-N2
联络通道及泵房	超前加固	—	G1-N1	G2-N2
	初支混凝土	G1	G2-N1	G2-N2
	模筑衬砌	G1	G2-N1	G2-N2
	防火墙	G1	G2-N1	G2-N2
	初支钢架	G1	G2-N1	G2-N2
	纵向连接筋	—	—	G2-N2

续表9.4.7

工程对象		工可	初步设计	施工图设计
联络通道及泵房	螺栓	—	—	N2
	锚杆	—	—	N2
	镀锌钢板止水带	—	—	N2
	遇水膨胀橡胶	—	—	N2
	中置式高分子止水带	—	—	N2
	钢梯	—	—	G2-N2
	盖板	—	—	G2-N2
	垫层	—	—	G2-N2
端头加固	搅拌桩加固	—	G2	G2-N2
	高压旋喷桩	—	G2	G2-N2
	冻结加固	—	G2	G2-N2
	MJS 加固	—	G2	G2-N2
	TRD 素墙	—	G2	G2-N2
	降水井	—	G2	G2-N2
围护结构	拉森钢板桩	—	G2-N1	G3-N2
	TRD	—	G2-N1	G3-N2
	型钢	—	G2-N1	G3-N2
	地连墙	—	G2-N1	G2-N2
	水泥土搅拌墙	—	G2-N1	G2-N2
	钢支撑	—	G2-N1	G3-N2
	混凝土支撑	—	G2-N1	G2-N2
	混凝土板撑	—	G2-N1	G2-N2
	冠梁	—	G2-N1	G2-N2
	钢换撑	—	G2-N1	G3-N2
	钢围檩	—	G2-N1	G3-N2
	钢板牛腿	—	G2-N1	G3-N2
	导墙	—	G2-N1	G2-N2

续表9.4.7

工程对象		工可	初步设计	施工图设计
围护结构	预埋钢板	—	G2	G3-N2
	型钢接头	—	G2	G3-N2
	格构柱	—	G2-N1	G2-N2
	立柱桩	—	G2-N1	G2-N2
	地基加固	—	G2-N1	G2-N2
	连系梁	—	G2-N1	G2-N2
	疏干井	—	—	G2-N2
	降压井	—	—	G2-N2
	观测井	—	—	G2-N2
	回灌井	—	—	G2-N2
雨棚结构	侧墙	—	G2-N1	G2-N2
	顶板	—	G2-N1	G2-N2
	型钢	—	G2-N1	G3-N2
	螺栓	—	—	N2
	填充	—	—	N2
出入地段主体结构	侧墙	G1	G2-N1	G2-N2
	底板	G1	G2-N1	G2-N2
	顶板	G1	G2-N1	G2-N2
	隔墙	—	G2-N1	G2-N2
	垫层	—	G2-N1	G2-N2
	基础桩	—	G2-N1	G2-N2
	抗拔桩	—	G2-N1	G2-N2
	底板填充	—	—	G2-N2
	电缆槽	—	—	G2-N2
	扶手	—	—	G3-N2
	螺栓	—	—	N2
	接缝防水	—	—	N2

续表9.4.7

工程对象		工可	初步设计	施工图设计
泵房主体结构	侧墙	G1	G2-N1	G2-N2
	底板	G1	G2-N1	G2-N2
	钢梯	—	G2	G2-N2
	盖板	G1	G2	G2-N2
	垫层	—	G2	G2-N2
盾构井主体结构	侧墙	G1	G2-N1	G2-N2
	底板	G1	G2-N1	G2-N2
	顶板	G1	G2-N1	G2-N2
	隔墙	—	G2-N1	G2-N2
	梁	—	G2-N1	G2-N2
	层板	—	G2-N1	G2-N2
	柱	—	G2-N1	G2-N2
	垫层	—	G2	G2-N2
	基础桩	—	G2	G2-N2
	抗拔桩	—	G2	G2-N2
	底板填充	—	—	G2-N2
	电缆槽	—	—	G2-N2
	扶手	—	—	G3-N2
	螺栓	—	—	N2
	接缝防水	—	—	N2
风井主体结构	侧墙	G1	G2-N1	G2-N2
	底板	G1	G2-N1	G2-N2
	顶板	G1	G2-N1	G2-N2
	隔墙	—	G2-N1	G2-N2
	梁	—	G2-N1	G2-N2
	层板	—	G2-N1	G2-N2
	柱	—	G2-N1	G2-N2

续表9.4.7

工程对象		工可	初步设计	施工图设计
风井主体结构	垫层	—	G2	G2-N2
	基础桩	—	G2	G2-N2
	抗拔桩	—	G2	G2-N2
	底板填充	—	—	G2-N2
	电缆槽	—	—	G2-N2
	扶手	—	—	G3-N2
	螺栓	—	—	G3-N2
	接缝防水	—	—	G1N2
洞门	洞门圈梁	—	G2-N1	G2-N2
	接口环预埋钢板	—	—	G3-N2
	预埋注浆管	—	—	G3-N2
	不锈钢接水盒	—	—	G3-N2
	洞门后浇环梁	—	—	G2-N2
超前支护	长管棚	—	G2	G3-N2
	钢花管	—	G2	G3-N2
	注浆管	—	G2	G3-N2
初支	锚杆	—	G2-N1	G3-N2
	型钢	—	G2-N1	G3-N2
	钢格栅	—	G2-N1	G3-N2
	锁脚钢管	—	G2	G3-N2
	橡胶垫板	—	G2	G3-N2
	混凝土垫块	—	G2	G2-N2
	连接件	—	G2	G2-N2
	钢筋网	—	—	N2
	喷射混凝土	—	G2-N1	G2-N2
二衬	拱墙	—	G2-N1	G2-N2
	仰拱	—	G2-N1	G2-N2

续表9.4.7

工程对象		工可	初步设计	施工图设计
二衬	底板	—	G2-N1	G2-N2
	中心排水沟	G1	G2-N1	G2-N2
	电缆槽	—	G2	G2-N2
	盖板	—	G2	G2-N2
	封堵墙	—	G2	G2-N2
	余长电缆腔	—	G2	G2-N2
洞门	拱墙	G1	G2-N1	G2-N2
	仰拱	G1	G2-N1	G2-N2
	帽檐	G1	G2-N1	G2-N2
	仰供填充	—	G2	G2-N2
	锚固钢筋	—	—	N2
	垫层	—	G2	G2-N2
	平台	—	G2	G2-N2
	检查梯	—	—	G2-N2
	铺砌	—	G2	G2-N2
	踏步	—	G2	G2-N2
	沟槽身	—	G2	G2-N2
	沟槽盖板	—	G2	G2-N2
	中心沟槽身	—	G2	G2-N2
	中心沟槽盖板	—	G2	G2-N2
	盖板封堵	—	—	G2-N2
	端墙	—	G2-N1	G2-N2
	端墙顶水沟	—	—	G2-N2
	顶帽	—	G2-N1	G2-N2
	仰坡护坡	—	G2-N1	G2-N2
	挡墙	—	G2-N1	G2-N2
	隔墙	—	G2-N1	G2-N2

9.4.8 建筑工程对象模型单元交付深度应符合表 9.4.8 的规定。

表 9.4.8 建筑工程对象模型单元交付深度

工程对象		工可	初步设计	施工图设计
楼面-地面	基层-面层	G2-N1	G2-N2	G3-N3
	保温层	—	—	G2-N3
	防水层	—	—	G2-N3
	其他构造层	—	—	G2-N3
	配筋	—	—	N3
	安装构件	—	—	G1-N3
屋面	基层-面层	G2-N1	G2-N2	G3-N3
	保温层	—	—	G2-N3
	防水层	—	—	G1-N3
	保护层	—	—	G1-N3
	檐口	—	—	G1-N3
	配筋	—	—	N3
	安装构件	—	—	G1-N3
	密封材料	—	—	N3
建筑墙	基层-面层	G2-N1	G2-N2	G3-N3
	保温层	—	G2-N2	G2-N3
	其他构造层	—	—	G1-N3
	配筋	—	—	N3
	安装构件	—	—	G1-N3
	密封材料	—	—	N3
建筑幕墙	幕墙	G2-N1	G2-N2	G3-N3
	支承构件			G1-N3
	金属连接件			G1-N3
建筑柱	基层-面层	G2-N1	G2-N2	G3-N3
	安装构件	—	—	G1-N3
	配筋	—	—	N3

续表9.4.8

工程对象		工可	初步设计	施工图设计
门窗	框材-嵌板	G2-N1	G2-N2	G3-N3
	通风百叶-观察窗	—	—	G1-N3
	把手	—	—	G1-N3
	安装构件	—	—	G1-N3
楼梯	梯段-平台-梁	G1-N1	G2-N2	G3-N3
	栏杆-栏板	G1-N1	G1-N1	G2-N3
	防滑条	—	—	N3
	配筋	—	—	N3
	安装构件	—	—	G1-N3
建筑孔洞	孔洞	—	—	G2-N3
	保护层	—	—	N3
	预埋件	—	—	N3
	密封材料	—	—	N3
顶棚	板材	G2-N1	G2-N2	G3-N3
	主要支撑构件	—	G2-N2	G2-N3
	支撑构件配件	—	—	N3
	安装构件	—	—	G1-N3
	密封材料	—	—	N3
雨棚	基层-面层-板材	G2-N1	G2-N2	G3-N3
	主要支撑构件	—	G2-N2	G2-N3
	支撑构件配件	—	—	N3
	安装构件	—	—	G1-N3
	密封材料	—	—	N3
室内构造	基层-面层-嵌板	G2-N1	G2-N2	G3-N3
	支撑构件-龙骨	—	—	G1-N3
	其他构造层	—	—	N3
	装饰物	—	—	N3

续表9.4.8

工程对象		工可	初步设计	施工图设计
室内构造	安装构件	—	—	G1-N3
	密封材料	—	—	N3
装饰设备-灯具	设备	G2-N1	G2-N2	G2-N3
	安装构件	—	—	G1-N3
	设备接口及配件	—	—	N3
	指示标志	—	—	G1-N3
柱、墙面板	嵌板	G2-N1	G2-N2	G3-N3
	安装构件	—	—	G1-N3
家具	家具	G1-N1	G1-N2	G2-N3
	安装构件	—	—	G1-N3
坡道-台阶	基层-面层	G2-N1	G2-N2	G3-N3
	其他构造层	—	—	G2-N3
	栏杆-栏板	G1-N1	G1-N1	G2-N3
	防滑条	—	—	N3
	配筋	—	—	N3
	安装构件	—	—	G1-N3
	密封材料	—	—	N3
栏杆	扶手	G2-N1	G2-N2	G3-N3
	栏板-护栏	G2-N1	G2-N2	G3-N3
	主要支撑构件	G2-N1	G2-N2	G2-N3
	支撑构件配件	—	—	N3
	安装构件	—	—	G1-N3
	密封材料	—	—	N3
导盲道	基层-面层	G2-N1	G2-N2	G3-N3
	防滑条	—	—	N3
	安装构件	—	—	G1-N3

续表9.4.8

工程对象		工可	初步设计	施工图设计
散水与明沟	基层-面层	G2-N1	G2-N2	G3-N3
	其他构造层	—	—	G2-N3
	配筋	—	—	N3
	安装构件	—	—	G1-N3

9.4.9 结构工程对象模型单元交付深度应符合表9.4.9的规定。

表9.4.9 结构工程对象模型单元交付深度

工程对象		工可设计	初步设计	施工图设计
围护结构	顶圈梁	—	G1-N1	G2-N2
	地连墙	G1	G1-N1	G2-N2
	封堵墙	—	G1-N1	G2-N2
	混凝土支撑	—	G1-N1	G2-N2
	钢支撑	—	G1-N1	G2-N2
	混凝土角撑	—	G1-N1	G2-N2
	钢角撑	—	G1-N1	G2-N2
	混凝土系梁	—	G1-N1	G2-N2
	钢系梁	—	G1-N1	G2-N2
	混凝土围檩	—	G1-N1	G2-N2
	钢围檩	—	G1-N1	G2-N3
	槽壁加固	—	G1-N1	G2-N2
	墙缝止水	—	G1-N1	G2-N2
	格构柱	—	G1-N1	G2-N2
	钻孔灌注桩	—	G1-N1	G2-N2
	SMW工法桩	—	G1-N1	G2-N2
	基坑坑底加固	—	G1-N1	G2-N2
	疏干井	—	—	G2-N2
	降压井	—	—	G2-N2

续表9.4.9

工程对象		工可设计	初步设计	施工图设计
围护结构	观测井	—	—	G2-N2
	回灌井	—	—	G2-N2
主体结构	顶板	—	G1-N1	G2-N2
	中板	—	G1-N1	G2-N2
	底板	—	G1-N1	G2-N2
	夹层板	—	G1-N1	G2-N2
	内衬墙	—	G1-N1	G2-N2
	框架梁	—	G1-N1	G2-N2
	框架柱	—	G1-N1	G2-N2
	壁柱	—	G1-N1	G2-N2
	次梁	—	G1-N1	G2-N2
	边框梁	—	G1-N1	G2-N2
	孔边梁	—	G1-N1	G2-N2
	暗梁	—	—	G1-N2
	暗柱	—	—	G1-N2
	楼梯板	—	G1-N1	G2-N2
	楼梯梁	—	—	G2-N2
	楼梯柱	—	—	G2-N2
	站台板	—	G1-N1	G2-N2
	素混凝土回填	—	—	G2-N2
	素混凝土垫层	—	—	G2-N2
	设备基础	—	—	G2-N2
	桩	—	G1-N1	G2-N2
	承台	—	G1-N1	G2-N2
	承台梁	—	G1-N1	G2-N2
	牛腿	—	—	G2-N2
	垫石	—	—	G2-N2

续表9.4.9

工程对象		工可设计	初步设计	施工图设计
主体结构	钢管混凝土柱	—	G1-N1	G2-N2
	钢框架梁	—	G1-N1	G2-N2
	撑杆	—	G1-N1	G2-N2
	屋面板	—	G1-N1	G2-N2
	天沟	—	G1-N1	G2-N2
结构防水	涂料防水层	—	—	N2
	纸胎油毡隔离层	—	—	N2
	细石混凝土保护层	—	—	N2
	找平层	—	—	N2
	防水层	—	—	N2
	钢板止水带	—	—	N2
	注浆管	—	—	N2
	遇水膨胀止水条	—	—	N2

9.4.10 轨道工程对象模型单元交付深度应符合表 9.4.10 的规定。

表 9.4.10 轨道工程对象模型单元交付深度

工程对象		工可	初步设计	施工图设计
轨道部件	钢轨及配件	N1	G2-N1	G2-N2
	扣件系统	N1	N1	G2-N2
	轨枕	N1	G1-N1	G2-N2
	道岔系统	—	G1-N1	G2-N2
正线轨道道床	有砟道床	N1	G1-N1	G2-N2
	轨枕埋入式整体道床	N1	G1-N1	G2-N2
	弹性支承块式整体道床	N1	G1-N1	G2-N2
	板式整体道床	N1	G1-N1	G2-N2
	双块式整体道床	N1	G1-N1	G2-N2
	减振结构	N1	G1-N1	G2-N2

续表9.4.10

工程对象		工可	初步设计	施工图设计
轨道结构过渡段	辅助轨	—	G1-N1	G2-N2
无缝线路	钢轨伸缩调节器	—	G1-N1	G2-N2
	位移观测桩	—	G1-N1	G2-N2
站线轨道	钢轨	N1	G2-N1	G2-N2
	扣件	N1	G1-N1	G2-N2
	轨枕	N1	G1-N1	G2-N2
	无砟轨道道床	N1	G1-N1	G2-N2
	有砟轨道道床	N1	G1-N1	G2-N2
轨道附属设备及常备材料	护轨	—	G1-N1	G3-N3
	线路信号标志	—	G1-N1	G3-N3
	车挡	—	G1-N1	G3-N3

9.4.11 站场工程对象模型单元交付深度应符合表 9.4.11 的规定。

表 9.4.11 站场工程对象模型单元交付深度

工程对象		工可	初步设计	施工图设计
站场构筑物	站台	G1-N1	G2-N2	G3-N2
标志标牌	站名牌	G1-N1	G1-N2	G3-N2
	站界标	G1-N1	G1-N2	G3-N2
	停车位置标	G1-N1	G1-N2	G3-N2
	警冲标	G1-N1	G2-N2	G3-N2
止挡设备	车挡	—	G2-N2	G3-N2
	挡车器	—	G1-N2	G3-N2
	止轮土基	—	G2-N2	G3-N2
防溜设备	停车器	—	G2-N2	G3-N2
	止轮器	—	G1-N2	G3-N2
	铁鞋	—	G1-N2	G3-N2

续表9.4.11

工程对象		工可	初步设计	施工图设计
安全、围护	围墙	G1-N1	G2-N2	G3-N2
	防护栅栏	G1-N1	G2-N2	G3-N2
管沟	电缆槽	—	G2-N2	G3-N2
	综合管沟	—	G2-N2	G3-N2
地面防排水	路基面纵向排水槽	—	G2-N2	G3-N2
	路基面横向排水槽	—	G2-N2	G3-N2

9.4.12 牵引变电及供电系统工程对象模型单元交付深度应符合表 9.4.12－1 的规定，接触网工程对象模型单元交付深度应符合表 9.4.12－2 的规定。

表 9.4.12－1 牵引变电及供电调度系统工程对象模型单元交付深度

工程对象		工可	初步设计	施工图设计
架构	进线架构	N1	G2-N2	G3-N3
	门型架构	N1	G2-N2	G3-N3
	终端架构	N1	G2-N2	G3-N3
	单杆架构	N1	G2-N2	G3-N3
变配电设备	变压器	N1	G2-N2	G3-N3
	互感器	N1	G2-N2	G3-N3
	避雷器	N1	G2-N2	G3-N3
	开关装置	N1	G2-N2	G3-N3
	箱式所	N1	G2-N2	G3-N3
	端子箱	N1	G2-N2	G3-N3
防雷接地	独立避雷针	N1	G2-N2	G3-N3
	集中接地箱	N1	G2-N2	G3-N3
	接地网	N1	G2-N2	G3-N3
控制系统	控制保护屏	N1	G2-N2	G3-N3
	交直流屏	N1	G2-N2	G3-N3

续表9.4.12-1

工程对象		工可	初步设计	施工图设计
控制系统	接触网开关控制屏	N1	G2-N2	G3-N3
调度系统	调度机房设备	N1	G2-N2	G3-N3
	调度台设备	N1	G2-N2	G3-N3

表 9.4.12-2 接触网系统工程对象模型单元交付深度

工程对象		工可	初步设计	施工图设计
基础及拉线	支柱基础	N1	G1-N1	G2-N2
	拉线基础	N1	G1-N1	G2-N2
	拉线	N1	G1-N1	G2-N2
支柱	混凝土支柱	N1	G1-N1	G2-N2
	钢支柱	N1	G1-N1	G2-N2
	吊柱	N1	G1-N1	G2-N2
支持定位装置	腕臂	N1	G1-N1	G2-N2
	隧道水平悬挂装置	N1	G1-N1	G2-N2
	软横跨	N1	G1-N1	G2-N2
	硬横梁	N1	G1-N1	G2-N2
	定位装置	N1	G1-N1	G2-N2
接触悬挂	接触悬挂	N1	G1-N1	G2-N2
	补偿装置	N1	G1-N1	G2-N2
	中心锚结	N1	G1-N1	G2-N2
	电连接装置	N1	G1-N1	G2-N2
附加悬挂	附加导线	N1	G1-N1	G2-N2
	附加导线悬挂	N1	G1-N1	G2-N2
	附加导线下锚	N1	G1-N1	G2-N2
接地及回流	接地连接装置	N1	G1-N1	G2-N2
	回流装置	N1	G1-N1	G2-N2
设备	设备	N1	G1-N1	G2-N2
其他	其他附属装置	N1	G1-N1	G2-N2

9.4.13 电力工程对象模型单元交付深度应符合表 9.4.13 的规定。

表 9.4.13 电力工程对象模型单元交付深度

工程对象		工可	初步设计	施工图设计
供配电系统	设备	N1	G1-N1	G2-N2
	高压配电柜	N1	G1-N1	G2-N2
	变压器	N1	G1-N1	G2-N2
	低压配电柜	N1	G1-N1	G2-N2
	动力配电柜/箱	N1	G1-N1	G2-N2
	照明配电箱/柜	N1	G1-N1	G2-N2
	设备控制箱	N1	G1-N1	G2-N2
	照明灯具	N1	G1-N1	G2-N2
	动力电缆	N1	G1-N1	G2-N2
	控制电缆	N1	G1-N1	G2-N2
	电缆桥架	N1	G1-N1	G2-N2
变、配电所	高压配电柜	N1	G1-N1	G2-N2
	变压器	N1	G1-N1	G2-N2
	低压配电柜	N1	G1-N1	G2-N2
	动力配电柜/箱	N1	G1-N1	G2-N2
	照明配电箱/柜	N1	G1-N1	G2-N2
	设备控制箱	N1	G1-N1	G2-N2
	照明灯具	N1	G1-N1	G2-N2
	动力电缆	N1	G1-N1	G2-N2
	控制电缆	N1	G1-N1	G2-N2
	电缆桥架	N1	G1-N1	G2-N2
电力线路	电缆	N1	G1-N1	G1-N1
电力运动	网络交换机	N1	G1-N1	G2-N2
	设备监控箱	N1	G1-N1	G2-N2

续表 9.4.13

工程对象		工可	初步设计	施工图设计
电力远动	PLC	N1	G1-N1	G2-N2
	设备控制箱	N1	G1-N1	G2-N2
机电设备监控系统（BAS）	机柜	N1	G1-N1	G2-N2
	工作站	N1	G1-N1	G2-N2
	显示大屏	N1	G1-N1	G2-N2
	UPS	N1	G1-N1	G2-N2
火灾自动报警系统（FAS）	感烟-感温探测器	N1	G1-N1	G2-N2
	手动报警按钮	N1	G1-N1	G2-N2
	声光报警器	N1	G1-N1	G2-N2
	输入输出模块	N1	G1-N1	G2-N2
	模块箱	N1	G1-N1	G2-N2
	线型光纤	N1	G1-N1	G2-N2
动力照明	动力配电柜-箱	N1	G1-N1	G2-N2
	照明配电箱-柜	N1	G1-N1	G2-N2
	设备控制箱	N1	G1-N1	G2-N2
	照明灯具	N1	G1-N1	G2-N2
	动力电缆	N1	G1-N1	G2-N2
	控制电缆	N1	G1-N1	G2-N2
	电缆桥架	N1	G1-N1	G2-N2

9.4.14 通信工程对象模型单元交付深度应符合表 9.4.14 的规定。

表 9.4.14 通信工程对象模型单元交付深度

工程对象		工可	初步设计	施工图设计
通信干线线缆	通信光缆	—	G1-N1	G3-N2
	通信电缆	—	G1-N1	G3-N2

续表9.4.14

工程对象		工可	初步设计	施工图设计
传输系统	传输中心级设备	—	G1-N1	G3-N2
	传输站场级设备	—	G1-N1	G3-N2
公务电话系统	公务电话中心级设备	—	G1-N1	G3-N2
	公务电话站场级设备	—	G1-N1	G3-N2
	数字电话终端	—	G2-N1	G3-N2
	模拟电话终端	—	G2-N1	G3-N2
有线调度通信系统	有线调度交换中心级设备	—	G1-N1	G3-N2
	有线调度交换车站级设备	—	G1-N1	G3-N2
	调度台终端	—	G2-N1	G3-N2
	值班台终端	—	G2-N1	G3-N2
	语音记录仪设备	—	G1-N1	G3-N2
移动通信系统	无线交换中心级设备	—	G1-N1	G3-N2
	基站设备	—	G1-N1	G3-N2
	直放站设备	—	G1-N1	G3-N2
	中继设备	—	G1-N1	G3-N2
	天、馈设备	—	G1-N1	G3-N2
	漏缆及附属设备	—	G1-N1	G3-N2
会议电视系统	会议电视中心级设备	—	G1-N1	G3-N2
	会议电视站场级设备	—	G1-N1	G3-N2
	会场终端	—	G2-N1	G3-N2
综合视频监控系统	综合视频监控中心级设备	—	G1-N1	G3-N2
	综合视频监控站场级设备	—	G1-N1	G3-N2
	摄像机终端	—	G2-N1	G3-N2
	监控终端	—	G2-N1	G3-N2
时钟同步及时间同步系统	时间时钟同步中心级设备	—	G1-N1	G3-N2
	时间时钟同步站场级设备	—	G1-N1	G3-N2
	子钟终端	—	G2-N1	G3-N2
	卫星接收终端	—	G2-N1	G3-N2

续表9.4.14

工程对象		工可	初步设计	施工图设计
电源设备系统	蓄电池	—	G2-N1	G3-N2
	开关电源	—	G2-N1	G3-N2
	不间断电源	—	G2-N1	G3-N2
	配电设备	—	G2-N1	G3-N2
	地线箱设备	—	G2-N1	G3-N2
电源及设备环境监控系统	电源及环境监控中心级设备	—	G1-N1	G3-N2
	电源及环境监控站场级设备	—	G1-N1	G3-N2
	电源及环境监控传感器终端	—	G2-N1	G3-N2
综合布线系统	信息点	—	G2-N1	G3-N2
架空支撑结构	杆	—	G2-N1	G3-N2
	塔	—	G2-N1	G3-N2
	基础	—	G2-N1	G3-N2
防雷接地	接地极	—	G1-N1	G3-N2
	接地线	—	G1-N1	G3-N2
	接闪器	—	G1-N1	G3-N2
	防雷器	—	G1-N1	G3-N2
通用设备	计算机终端	—	G2-N1	G3-N2
	服务器终端	—	G2-N1	G3-N2
	打印机终端	—	G2-N1	G3-N2
	传真机终端	—	G2-N1	G3-N2
	网络防火墙设备	—	G1-N1	G3-N2
	网络路由器设备	—	G1-N1	G3-N2
	网络交换机设备	—	G1-N1	G3-N2
	设备机柜	—	G2-N1	G3-N2
	配线机柜	—	G2-N1	G3-N2

续表9.4.14

工程对象		工可	初步设计	施工图设计
通用材料	EDF 配线单元	—	G1-N1	G3-N2
	VDF 配线单元	—	G1-N1	G3-N2
	DDF 配线单元	—	G1-N1	G3-N2
	ODF 配线单元	—	G1-N1	G3-N2
	跳线及配线	—	G1-N1	G3-N2
	电源电缆	—	G1-N1	G3-N2
	缆线接头	—	—	G3-N2
	缆线支管	—	—	G3-N2
	缆线桥架	—	—	G3-N2
	缆线线槽	—	—	G3-N2
	缆线托架	—	—	G3-N2
	缆线管道	—	—	G3-N2
	缆线沟槽	—	—	G3-N2
	电缆分线及终端装备	—	—	G3-N2
	光缆终端盒	—	—	G3-N2
	桌椅	—	G2-N1	G3-N2
	标志牌	—	—	G3-N2
	标桩	—	—	G3-N2

9.4.15 信号工程对象模型单元交付深度应符合表 9.4.15 的规定。

表 9.4.15 信号工程对象模型单元交付深度

工程对象		工可	初步设计	施工图设计
行车指挥	中心机房设备	G1-N1	G2-N2	G3-N2
	车站分机设备	G1-N1	G2-N1	G3-N2
	车辆段集中控制设备	G1-N1	G2-N2	G3-N2
	调度台	G1-N1	G2-N2	G3-N2

续表9.4.15

工程对象		工可	初步设计	施工图设计
行车指挥	调度大屏	G1-N1	G2-N2	G3-N2
	终端控显设备	N1	G2-N1	G3-N2
	网络安全设备	N1	G1-N1	G2-N2
列车运行控制	车站分机设备	G1-N1	G2-N1	G3-N2
	调车防护设备	G1-N1	G2-N1	G3-N2
	中心设备	G1-N1	G2-N2	G3-N2
	地面电子单元	N1	G1-N1	G3-N2
	应答器	N1	G1-N1	G3-N2
	区域控制器	N1	G1-N1	G3-N2
区间闭塞	ZPW—2000 轨道电路	N1	G1-N1	G2-N2
	信号标志牌	G1-N1	G2-N2	G3-N2
	区间信号机	G1-N1	G2-N2	G3-N2
	箱盒	—	G1-N1	G2-N2
	电缆槽道、管线	—	G1-N1	G2-N2
	补偿电容	—	G1-N1	G2-N2
	各类机柜	—	G2-N1	G2-N2
	组合	—	G1-N1	G2-N2
	光、电缆	—	G1-N1	G2-N2
联锁	信号机	G1-N1	G2-N2	G3-N2
	道岔转辙设备	G1-N1	G2-N2	G3-N2
	轨道电路	G1-N1	G2-N2	G3-N2
	计轴设备	G1-N1	G2-N2	G3-N2
	箱盒	—	G1-N1	G2-N2
	紧急停车按钮	—	G1-N1	G2-N2
	电缆槽道、管线	—	G1-N1	G2-N2
	联锁设备	G1-N1	G2-N1	G3-N2
	终端控显设备	N1	G2-N1	G3-N2

续表9.4.15

工程对象		工可	初步设计	施工图设计
联锁	应急盘	—	G1-N1	G2-N2
	工作台	—	G2-N1	G2-N2
	各类机柜	—	G2-N1	G2-N2
	组合	—	G1-N1	G2-N2
	走线槽、架	—	G2-N1	G2-N2
	光、电缆	—	G1-N1	G2-N2
信号检测及集中监测	信号集中监测总机设备	G1-N1	G2-N2	G3-N2
	信号集中监测分机设备	G1-N1	G2-N1	G3-N2
	道岔缺口总机设备	G1-N1	G2-N1	G3-N2
	车载信息管理设备	G1-N1	G2-N1	G3-N2
	维护终端	N1	G2-N1	G3-N2
	信息采集、监测设备	—	G1-N1	G2-N2
数据传输网络	安全数据网	N1	G1-N1	G2-N2
	行车指挥广域网	N1	G1-N1	G2-N2
	监测系统广域网	N1	G1-N1	G2-N2
信号电源	综合智能电源屏	G1-N1	G2-N1	G3-N2
	不间断电源	G1-N1	G2-N1	G3-N2
	电池组	G1-N1	G2-N1	G3-N2
防雷接地	防雷分线柜	G1-N1	G2-N1	G3-N2
	防雷模块	—	G1-N1	G2-N2
	防雷配电箱	—	G1-N1	G2-N2
	接地线缆	—	G1-N1	G2-N2

9.4.16 信息工程对象模型单元的几何表达精度宜取 G1，模型单元的信息属性可不添加。

9.4.17 机辆设备工程对象模型单元的几何表达精度宜取 G1，信息深度可按照具体项目要求规定执行，信息深度表参见本标准附录 N。

9.4.18 维修设施工程对象模型单元交付深度应符合表 9.4.18 的规定。

表 9.4.18 维修设施工程对象模型单元交付深度

工程对象		工可	初步设计	施工图设计
综合维修中心（工区）	工务车间	N1	G1-N2	G3-N4
	机电车间	N1	G1-N2	G3-N4
	供电车间	N1	G1-N2	G3-N4
	通号车间	N1	G1-N2	G3-N4
	熔焊车间	N1	G1-N2	G3-N4
	材料备品间	N1	G1-N2	G3-N4
物资库	物资总库	N1	G1-N2	G3-N4
	易燃品库	N1	G1-N2	G3-N4
工程车库	工程车库	N1	G1-N2	G3-N4
材料棚	材料棚	N1	G1-N2	G3-N4
救援设备	救援设备及设施	N1	G1-N2	G3-N4

9.4.19 给水排水工程对象模型单元交付深度应符合表 9.4.19 的规定。

表 9.4.19 给水排水工程对象模型单元交付深度

工程对象		工可	初步设计	施工图设计
生活给水系统	给水管道	N1	G1-N1	G2-N2
	管道附件	N1	G1-N1	G2-N2
	阀门	N1	G1-N1	G2-N2
	检查井	N1	G1-N1	G2-N2
	盥洗设备	N1	G1-N1	G2-N2
消防给水系统	消防管道	N1	G1-N1	G2-N2
	管道附件	N1	G1-N1	G2-N2
	阀门	N1	G1-N1	G2-N2
	检查井	N1	G1-N1	G2-N2

续表9.4.19

工程对象		工可	初步设计	施工图设计
路面排水系统	排水管道	N1	G1-N1	G2-N2
	管道附件	N1	G1-N1	G2-N2
	阀门	N1	G1-N1	G2-N2
	检查井	N1	G1-N1	G2-N2
	渗水井	N1	G1-N1	G2-N2
	边沟	N1	G1-N1	G2-N2
	截水沟	N1	G1-N1	G2-N2
	排水沟	N1	G1-N1	G2-N2
	盲沟	N1	G1-N1	G2-N2
	暗沟	N1	G1-N1	G2-N2
	急流槽	N1	G1-N1	G2-N2
	渡水槽	N1	G1-N1	G2-N2
	雨水口	N1	G1-N1	G2-N2
桥面排水系统	集水槽	N1	G1-N1	G2-N2
	排水管道	N1	G1-N1	G2-N2
	预埋件	N1	G1-N1	G2-N2
污水排水系统	污水管道	N1	G1-N1	G2-N2
	通气管道	N1	G1-N1	G2-N2
	管道附件	N1	G1-N1	G2-N2
	阀门	N1	G1-N1	G2-N2
	仪表	N1	G1-N1	G2-N2
	地漏	N1	G1-N1	G2-N2
	排水装置	N1	G1-N1	G2-N2
废水排水系统	排水管道	N1	G1-N1	G2-N2
	管道附件	N1	G1-N1	G2-N2
	阀门	N1	G1-N1	G2-N2
	仪表	N1	G1-N1	G2-N2

续表9.4.19

工程对象		工可	初步设计	施工图设计
废水排水系统	地漏	N1	G1-N1	G2-N2
	排水装置	N1	G1-N1	G2-N2
	水处理装置	N1	G1-N1	G2-N2

9.4.20 通风与空调工程对象模型单元交付深度应符合表 9.4.20 的规定。

表 9.4.20 通风与空调工程对象模型单元交付深度

工程对象		工可	初步设计	施工图设计
通风—排烟—空调系统	设备	N1	G1-N1	G2-N2
	风管和管件	N1	G1-N1	G2-N2
	液体输送管道和管件	N1	G1-N1	G2-N2
	管道附件	N1	G1-N1	G2-N2
	管道支吊架	N1	G1-N1	G2-N2

9.4.21 综合接地工程对象模型单元的几何表达精度宜取 G1，信息深度可按照具体项目要求规定执行，信息深度表参见本标准附录 S。

9.4.22 防灾工程对象模型单元交付深度应符合表 9.4.22 的规定。

表 9.4.22 防灾工程对象模型单元交付深度

工程对象		工可	初步设计	施工图设计
建(构)筑物防火	防火卷帘	N1	G1-N1	G2-N2
	防火门	N1	G1-N1	G2-N2
消防给水与灭火装置	自动灭火系统	N1	G1-N1	G2-N2
	消防给水加压设施	N1	G1-N1	G2-N2
	消防池	N1	G1-N1	G2-N2
	消火栓	N1	G1-N1	G2-N2
	灭火器	N1	G1-N1	G2-N2

续表9.4.22

工程对象		工可	初步设计	施工图设计
防烟、排烟与事故通风	机械防烟、排烟设施	N1	G1-N1	G2-N2
	挡烟垂壁	N1	G1-N1	G2-N2
	排烟管道系统	N1	G1-N1	G2-N2
	防火阀	N1	G1-N1	G2-N2
	排烟设备	N1	G1-N1	G2-N2
防灾用电与应急照明	消防用电设备系统	N1	G1-N1	G2-N2
	火灾应急照明系统	N1	G1-N1	G2-N2

9.4.23 环境保护工程对象模型单元交付深度应符合表 9.4.23 的规定。

表 9.4.23 环境保护工程对象模型单元交付深度

工程对象		工可	初步设计	施工图设计
声环境保护	声屏障	N1	G2-N2	G3-N3
	隔声窗	N1	G2-N2	G3-N3
振动环境保护	减震措施	N1	G2-N2	G3-N3
水环境保护	污水处理设施	N1	G2-N2	G3-N3

9.4.24 景观工程对象模型单元交付深度应符合表 9.4.24 的规定。

表 9.4.24 景观工程对象模型单元交付深度

工程对象		工可	初步设计	施工图设计
植物配置	乔木	N1	G2-N2	G3-N3
	灌木	N1	G2-N2	G3-N3
	地被	N1	G2-N2	G3-N3
铺装	广场	N1	G2-N2	G3-N3
	一级园路	N1	G2-N2	G3-N3
	二级园路	N1	G2-N2	G3-N3
	三级园路	N1	G2-N2	G3-N3

续表9.4.24

工程对象		工可	初步设计	施工图设计
电气	泵	N1	G2-N2	G3-N3
	音响	N1	G2-N2	G3-N3
	控制器	N1	G2-N2	G3-N3
	变-配电箱	N1	G2-N2	G3-N3
	庭院灯	N1	G2-N2	G3-N3
	草坪灯	N1	G2-N2	G3-N3
	投射灯	N1	G2-N2	G3-N3
	水下灯	N1	G2-N2	G3-N3
	地埋灯	N1	G2-N2	G3-N3
	壁灯	N1	G2-N2	G3-N3
给排水	给水管道	N1	G2-N2	G3-N3
	排水管道	N1	G2-N2	G3-N3
	管道附件	N1	G2-N2	G3-N3
	阀门	N1	G2-N2	G3-N3
	检查井	N1	G2-N2	G3-N3
	渗水井	N1	G2-N2	G3-N3
	取水口	N1	G2-N2	G3-N3
	喷头	N1	G2-N2	G3-N3
	仪表	N1	G2-N2	G3-N3
小品	雕塑	N1	G2-N2	G3-N3
	景墙	N1	G2-N2	G3-N3
	座椅	N1	G2-N2	G3-N3
	垃圾箱	N1	G2-N2	G3-N3
	景观亭	N1	G2-N2	G3-N3
	廊架	N1	G2-N2	G3-N3

10　设计应用

10.1　一般规定

10.1.1　市域铁路工程的 BIM 设计应用应包括应用准备、应用实施及应用交付三个过程。

10.1.2　应用准备应明确所需要准备的基础数据资料及建筑信息模型。

10.1.3　应用实施应规定 BIM 设计应用的工作流程。

10.1.4　应用交付应规定 BIM 设计应用需提交的交付物，交付物的类别、交付内容和交付格式应满足本标准第 9.1～第 9.3 节的规定。

10.2　应用点总览

10.2.1　市域铁路工程项目 BIM 设计应用点分为应选应用与可选应用，应用在各阶段的分类宜满足表 10.2.1 的要求。

表 10.2.1　市域铁路工程项目 BIM 设计应用总览

代号	应用	可行性研究阶段	初步设计阶段	施工图设计阶段
R1	场地仿真	△	▲	—
R2	征地拆迁分析	▲	△	—
R3	虚拟漫游	△	▲	△
R4	交通疏解、管线改迁	—	▲	△

续表10.2.1

代号	应用	可行性研究阶段	初步设计阶段	施工图设计阶段
R5	控制因素分析	—	▲	△
R6	换乘方案模拟	—	△	△
R7	竖向净空分析	—	△	▲
R8	管线碰撞检查	—	△	▲
R9	三维管线综合	—	△	▲
R10	预留预埋检查	—	—	△
R11	建筑性能分析	—	▲	△
R12	工程量统计	—	▲	▲

注：表中“▲”表示应选，“△”表示可选，“—”表示可不选。

10.2.2 项目开始前，应进行设计应用策划，并将计划实施应用点明确写入BIM设计应用实施计划中。

10.3 场地仿真

10.3.1 场地仿真需准备的数据资料应符合下列规定：

1 应包含地勘报告、工程水文资料、现有规划文件、建设地块信息等资料。

2 应包含电子地形图(周边地形高程点、等高线、建筑属性、道路用地性质等信息)。

3 宜包含原始地形点云数据及高精度DEM、GIS数据等。

4 宜包含场地既有管网数据、周边主干管网数据。

5 宜包含地貌数据，例如高压线、河道等地貌。

10.3.2 场地仿真的工作流程宜符合下列要求：

1 数据收集。收集的数据包括电子版地形图、周边环境图纸、场地信息、现场相关图片以及相关周边工程的成果模型。

2 场地建模。根据收集的数据进行周边环境建模、建筑物主体轮廓和附属设施建模。

3 校验模型的完整性、准确性。

4 场地分析。分析场地数据，如坡度、坡向、高程、纵横断面、填挖量和等高线等；分析建筑物主体、出入口、地面建筑部分与红线、绿线、蓝线、黄线及周边建筑物的距离。

5 生成场地分析报告或场地仿真视频。

6 场地建模中，应根据地勘报告建立勘探孔及地层模型。

10.3.3 场地仿真的成果宜包括场地分析报告、场地仿真视频、场地仿真模型。

10.4 征地拆迁分析

10.4.1 征地拆迁分析需准备的数据资料宜包含以下内容：

1 地勘报告、规划文件、建设地块信息、周边建（构）筑物信息、征地图。

2 场地模型、数据收集，收集的数据包括电子版地形图、图纸等。

10.4.2 征地拆迁分析的工作流程宜符合下列要求：

1 建立模型。可对全线进行无人机航拍，清晰反映建设前后的征地拆迁情况、征地红线变化、征地面积变化、各类迁改物的变化情况。通过倾斜摄影技术建模，快速获取征拆对象实景模型。基于倾斜摄影模型或场地模型，建立征地线并划分拆迁模型，形成征地拆迁模型。

2 得出该行政区划内的征拆房屋面积、征拆土地面积、青苗数量等信息。

3 征拆现场真实场景的虚拟展示、工程勘测定界范围内的征拆对象空间属性及征拆属性的关联、征地拆迁成本辅助计算等。

4 形成征地拆迁分析报告。

10.4.3 征地拆迁分析的成果应符合下列规定：

1 征地拆迁模型。模型应当清晰反映项目的征地拆迁情况、征地线、征地面积、各类迁改物等。

2 征地拆迁分析报告。报告中应包含该行政区划内的征拆房屋面积、征拆土地面积、青苗数量等信息。

10.5 虚拟漫游

10.5.1 虚拟漫游需准备的数据资料应包含整合后的各专业模型。

10.5.2 虚拟漫游的工作流程宜符合下列要求：

1 收集数据，并确保数据的准确性。

2 根据建筑项目实际场景情况，赋予模型构件相应的材质。将建筑信息模型导入具有虚拟漫游、动画制作功能的软件。

3 设定视点和漫游路径，该漫游路径应能反映建筑物整体布局、主要空间布置以及重要场所设置，以呈现设计表达意图。

4 将软件中的漫游文件输出为通用格式的视频文件或独立可执行文件，并保存原始制作文件，以备后期的调整与修改。

5 虚拟漫游时，对实际的场景进行渲染，再进行虚拟漫游。

10.5.3 虚拟漫游的成果应符合下列规定：

1 动画视频文件。动画视频应能清晰表达建筑物的设计效果，并反映主要空间布置、复杂区域的空间构造等。

2 漫游文件。漫游文件中应包含全专业模型、动画视点和漫游路径等。

10.6 交通疏解、管线改迁

10.6.1 交通疏解、管线改迁需准备的数据资料宜包含以下内容：

1 电子版地形图宜包含周边地形、建筑、道路等建筑信息模型，电子版地形图为可选数据。

2 图纸宜包含管线搬迁方案平面图、断面图，地下管线探测成果图，障碍物成果图，架空管线探测成果图，管线搬迁地区周边地块平面图、地形图，管线搬迁地块周边建筑物、构筑物相关图纸，道路翻交方案平面图、周边地块平面图、地形图等。

3 报告宜包含地下管线探测成果报告、障碍物成果报告、架空管线探查成果报告等。

4 前一设计阶段的交付模型。

5 管线搬迁与道路翻交方案宜包含方案图纸和施工进度计划等。

10.6.2 交通疏解、管线改迁的工作流程宜符合下列要求：

1 数据收集。收集的数据包括电子版地形图、图纸、报告、施工进度计划以及规划方案阶段交付模型。

2 周边环境建模。根据管线搬迁地区周边地块平面图、地形图创建地表模型；根据市政道路桥梁项目周边建构筑物的相关图纸创建周边建构筑物模型。

3 施工围挡建模。根据管线搬迁方案建立各施工阶段施工围挡模型。

4 管线建模。根据地下管线成果探测图、报告以及管线搬迁方案平面图、断面图建立现有管线和各施工阶段的管线模型。

5 道路现状和各阶段建模。根据道路翻交方案，创建道路现状模型与各阶段道路翻交模型。模型能够体现各阶段道路布局变化及周边环境变化。

6 校验模型的完整性、准确性及拆分合理性等。

7 生成管线搬迁与道路翻交模型。实施施工围挡建模、管线建模、道路现状和各阶段建模及周边环境建模，经检验合格后，生成管线搬迁与道路翻交模型。

8 生成交通疏解、管线改迁视频。视频反映各阶段管线搬迁内容、道路翻交方案、施工围挡范围、管线与周边建构筑物位置的关系及道路翻交方案随进度计划变化的状况。

9 对临时标识标牌、标志标线进行建模。

10.6.3 交通疏解、管线改迁的成果宜包括管线搬迁与道路翻交模型，交通疏解和管线改迁视频等。

10.7 控制因素分析

10.7.1 控制因素分析需准备的数据资料应包含以下内容：

1 场地仿真模型。

2 关键节点处现状建筑、道路、轨道交通、桥梁、隧道、主干管线、地下工程、桩基基础等模型。

10.7.2 控制因素分析的工作流程宜符合下列要求：

1 数据收集。收集的数据包括电子版地形图、周边环境图纸、场地信息、现场相关图片以及相关周边工程的成果模型。

2 关键节点模型建模。根据设计图纸在关键节点处进行方案建模。

3 模型整合。对场地地形模型、现状模型、规划模型、设计模型进行整合。

4 校验模型的完整性、准确性。

5 控制因素分析。借助整合生成的模型，直观展示城市轨道交通工程穿越的风险工程、涉及的一体化开发工程等控制因素，分析其对城市轨道交通工程的制约程度。

6 形成控制因素报告及模拟视频。

10.7.3 控制因素分析的成果宜包括控制因素报告和模拟视频。

10.8 换乘方案模拟

10.8.1 换乘方案模拟需准备的数据资料宜包含以下内容：

1 换乘站建筑模型。

2 换乘站结构模型。

3 周边场地模型。

10.8.2 换乘方案模拟的工作流程宜符合下列要求：

1 换乘方案编制，确认换乘流程及相关技术要求。

2 在换乘站模型的基础上附加换乘信息，进行换乘过程的可视化模拟。

3 在模拟软件中绘制换乘流线。

4 导出换乘过程演示动画视频。

5 导出动画视频后进行剪辑添加音效及解说词。

10.8.3 换乘方案模拟的成果应包括换乘方案模拟视频、分析报告。

10.9 竖向净空分析

10.9.1 竖向净空分析需准备的数据资料宜包含以下内容：

1 各专业设计模型。

2 各部位竖向净空设计规范要求。

10.9.2 竖向净空分析的工作流程宜符合下列要求：

1 整合各专业建筑信息模型，链接建筑、结构设计模型、综合管线模，建模应采用与建筑、结构模型一致的轴网和模型基准点。

2 确定需要进行净空分析的区域，如公共区域、步行空间等。

3 净空分析。对确定的区域进行分析，查找不符合设计要求的关键位置。

4 净空优化。根据净空要求调整各专业模型，对优化区域前后进行对比说明，形成报告。

10.9.3 竖向净空分析的成果应符合下列规定：

1 竖向净空分析报告。报告内容应包含重点区域的竖向净空分析，如地下停车场行驶区域净空、走廊区域净空、楼梯间区域净空、竖井一管道间洞口区域管底净空、核心筒机房区域净空、机械设备摆放及操作空间检查。竖向净空分析报告标注不同区域的最小净空及不满足净空要求的区域。

2 优化报告。报告应记录建筑竖向净空优化的基本原则，以反映初步优化的机电管线排布平面图、剖面图、三维透视图(带三维模型标注)，宜反映竖向标高标注。

10.10 碰撞检查

10.10.1 管线碰撞检查需准备的数据资料应包含各专业设计模型。

10.10.2 管线碰撞检查的工作流程宜符合下列要求：

1 收集数据，并确保数据的准确性。

2 整合建筑、结构、给排水、暖通、电气等专业模型，形成整合的建筑信息模型。

3 设定碰撞检测的基本原则。硬碰撞：实体与实体之间交叉碰撞；软碰撞：实体间实际并没有碰撞，但间距和空间无法满足相关施工要求。

4 确定冲突检测对象：建筑专业与结构专业之间、设备专业与建筑、结构专业之间、机电各专业之间。

5 使用专业碰撞检查软件检查碰撞，并形成报告。

10.10.3 管线碰撞检查的成果宜包括碰撞检测报告。报告中应详细记录调整前各专业模型之间的碰撞位置及冲突对象。

10.11 三维管线综合

10.11.1 三维管线综合需准备的数据资料宜包含以下内容：

1 各专业设计模型。

2 收集完整的各机电专业设计图纸和技术资料，了解各个系统，明确各净空要求及吊顶标高、吊顶布置及安装方法。

3　碰撞检查报告。

10.11.2　三维管线综合的工作流程宜符合下列要求：

1　收集数据，并确保数据的准确性。

2　整合建筑、结构、给排水、暖通、电气等专业模型，形成整合的建筑信息模型。

3　确定管线综合原则及各专业管线要求。

4　根据调整原则和要求，对照碰撞检查报告，逐一调整模型，确保各专业之间的碰撞问题得到解决。

5　添加二维标注。添加文字注释、尺寸标注、平法标注、图例、设计说明等信息。对复杂节点宜增加三维透视图和轴测图进行表达并在三维透视图增加三维标注。

10.11.3　三维管线综合的成果应符合下列规定：

1　宜包含调整后的各专业模型。

2　宜包含复杂节点管线综合图纸。图纸内容宜包含二维平、立、剖面图及三维透视图或轴测图。

10.12　预留预埋检查

10.12.1　预留预埋检查需准备的数据资料宜包含以下内容：

1　需要进行检查预留孔洞的设计模型。

2　预留预埋图纸。

10.12.2　预留预埋检查的工作流程宜符合下列要求：

1　进行机电各专业与结构碰撞检查，生成预留孔洞报告。

2　按预留孔洞报告，调整结构模型孔洞位置或调整机电各专业方案。

3　预留孔洞问题全部解决后，生成调整后的模型和结构预留孔洞图纸。

4　针对轨道施工中遇到的预留过轨管线，生成预留孔洞报告。

10.12.3 预留预埋检查的成果应符合下列规定：

1 应包含调整后的各专业模型。

2 宜包含预留预埋图纸。

10.13 建筑性能分析

10.13.1 建筑性能分析软件宜与建筑信息模型数据交互，基于建筑信息模型进行性能分析，分析结果宜作为模型附件与模型关联。

10.13.2 根据市域铁路工程的需求，可开展的建筑性能分析包含人员疏散、抗震等专项分析，其分析结果应满足国家强制规定。

10.13.3 建筑性能分析交付成果应包含以下内容：

1 BIM 性能分析模型的创建方式、数据的设定。

2 分析过程及结论。

3 BIM 性能化分析结果与专业分析软件结果的比对。

10.14 工程量统计

10.14.1 工程量统计采用针对模型数据分类统计的方法，其统计结果可作为工程量复核的参考。

10.14.2 工程量统计的准确性源于模型的准确性，在开展工程量统计前，应已完成图模一致性的审查工作。

10.14.3 模型构件应根据工程算量需求，设置符合清单定额规范分类的相关属性。

附录A　线路模型单元信息深度等级

A.0.1　线路功能级模型单元信息深度等级划分应符合表A.0.1的规定。

表A.0.1　线路功能级模型单元信息深度等级

属性名称	参数类型	单位/描述/取值范围	信息深度等级			
			N1	N2	N3	N4
铁路等级	枚举型	市域铁路	√	√	√	√
速度目标值	速度	km/h	√	√	√	√
轨道结构形式	文字	有砟、无砟	—	√	√	√
线路中心线平面曲线表	数据表	—	—	√	√	√
线路中心线纵断面坡度表	数据表	—	—	√	√	√
线路中心线竖曲线表	数据表	—	—	√	√	√
左右线宽度	数值	m	√	√	√	√
保护区宽度	数值	m	√	√	√	√
起始桩号	文字	如:K0+000m	—	√	√	√
结束桩号	文字	如:K1+000m	—	√	√	√
线路长度	数值	km	√	√	√	√

附录B　路基模型单元信息深度等级

B.0.1　路基功能级模型单元信息深度等级划分应符合表B.0.1的规定。

表 B.0.1　路基功能级模型单元信息深度等级

属性名称	参数类型	单位/描述/取值范围	信息深度等级			
			N1	N2	N3	N4
铁路等级	枚举型	市域铁路	√	√	√	√
速度目标值	速度	km/h	√	√	√	√
轨道结构形式	文字	有砟、无砟	—	√	√	√
线路中心线平面曲线表	数据表	—	—	√	√	√
线路中心线纵断面坡度表	数据表	—	—	√	√	√
线路中心线竖曲线表	数据表	—	—	√	√	√
左右线宽度	长度	m	√	√	√	√
保护区宽度	长度	m	√	√	√	√
起始桩号	文字	如：K0＋000m	—	√	√	√
结束桩号	文字	如：K1＋000m	—	√	√	√
线路长度	长度	km	√	√	√	√

B.0.2　路基构件级模型单元信息深度等级划分应符合表 B.0.2-1～表 B.0.2-5 的规定。

表 B.0.2-1　路堤主要构件信息深度等级

属性名称	参数类型	单位/描述/取值范围	信息深度等级			
			N1	N2	N3	N4
护肩类型	文字	C25 混凝土	—	—	√	√

续表 B.0.2-1

属性名称	参数类型	单位/描述/取值范围	信息深度等级			
			N1	N2	N3	N4
填料类型	文字	级配碎石、A 组填料、B 组填料……	—	√	√	√
压实系数 K	文字	≥0.95,≥0.97	—	—	√	√
地基系数 K_{30}	文字	≥110 MPa/m,≥150 MPa/m,≥190 MPa/m	—	—	√	√
7d 饱和无侧限抗压强度	文字	≥500 kPa	—	—	√	√
动态变形模量 Evd	文字	≥55 MPa	—	—	√	√

表 B.0.2-2 路基边坡防护主要构件信息深度等级

构件	属性名称	参数类型	单位/描述/取值范围	信息深度等级			
				N1	N2	N3	N4
边坡加筋	加筋类型	枚举型	双向土工格栅、三向土工格栅	—	—	√	√
护坡	护坡类型	枚举型	骨架护坡、空心砖护坡、片石护坡等	—	√	√	√
	护坡材质	枚举型	C25 混凝土等	—	√	√	√
	反滤层材质	枚举型	砂砾石等	—	—	√	√
	泄水孔类型	枚举型	ϕ0.1 m PVC 管等	—	—	√	√
	伸缩缝材质	枚举型	厚 0.2 m 沥青麻筋等	—	—	√	√
平台、镶边	材质	枚举型	C25 混凝土等	—	—	√	√
	伸缩缝材质	枚举型	沥青麻筋等	—	—	√	√

表 B.0.2-3 路基支挡主要构件信息深度等级

构件	属性名称	参数类型	单位/描述/取值范围	信息深度等级			
				N1	N2	N3	N4
重力式挡土墙	墙身材料	枚举型	C30 混凝土、C35 混凝土	—	√	√	√
	反滤层材质	枚举型	整体式复合反滤层、袋装砂卵石	—	—	√	√

续表 B.0.2-3

构件	属性名称	参数类型	单位/描述/取值范围	信息深度等级			
				N1	N2	N3	N4
重力式挡土墙	泄水孔材质	枚举型	ϕ0.1 m PVC 管	—	—	√	√
	伸缩缝材质	枚举型	0.2 m 厚沥青麻筋	—	—	√	√
	回填材料	枚举型	M10 浆砌片石、C25 混凝土	—	—	√	√
	墙后填土加筋材质	文字	单向土工格栅(抗拉强度不小于 120 kN/m)	—	—	√	√
桩板墙	桩身材料	枚举型	C35 混凝土、C40 混凝土、C45 混凝土、HRB400 钢筋	√	√	√	√
	挡土板材料	枚举型	C35 混凝土、C40 混凝土、C45 混凝土、HRB400 钢筋	—	√	√	√
	反滤层类型	枚举型	整体式复合反滤层、砂卵石	—	—	√	√
	防渗层类型	枚举型	C30 混凝土	—	—	√	√
	桩后填土加筋材料	枚举型	土工格栅	—	—	√	√
扶壁式、悬臂式挡墙	基底回填材料	枚举型	回填夯填土、回填碎石、回填片石、回填 M10 浆砌片石、回填 C25 混凝土	—	—	√	√
	基底垫层材料	枚举型	碎石	—	—	√	√
	找平层材料	枚举型	C25 混凝土	—	—	√	√
	墙身材料	枚举型	C35 混凝土、C40 混凝土、C45 混凝土、HRB400 钢筋	—	√	√	√
	墙身钢筋质量	重量	kg	—	—	√	√
	反滤层材料	枚举型	袋装砂砾石、整体式复合反滤层	—	—	√	√
	防渗层材质	枚举型	C35 混凝土	—	—	√	√
	泄水孔材料	枚举型	PVC 排水管(ϕ0.1 m)	—	—	√	√
	伸缩缝材料	枚举型	沥青麻筋(厚 0.2 m)	—	—	√	√
	墙后填土加筋材料	枚举型	土工格栅(抗拉强度不小于 260 kN/m)	—	—	√	√

续表 B.0.2-3

构件	属性名称	参数类型	单位/描述/取值范围	信息深度等级			
				N1	N2	N3	N4
U 型槽	槽体材料	枚举型	C35 防水混凝土、C40 防水混凝土、C45 防水混凝土、C50 防水混凝土、HPB300 钢筋、HRB400 钢筋	√	√	√	√
	槽体钢筋质量	重量	kg	—	—	√	√
	基床填筑	枚举型	C25 混凝土	√	√	√	√
	垫层材料	枚举型	碎石垫层	—	√	√	√
	背面及地面防水层材料	枚举型	复合橡胶防水卷材	—	—	√	√
	伸缩缝材料	枚举型	Φ48 无缝钢管、HRB400 钢筋、防水嵌缝材料（聚苯板厚 20 mm）、钢边橡胶止水带（宽 350 mm）	—	—	√	√
	墙背回填材料	枚举型	回填改良土、回填夯实黏性土 回填 AB 组填料、回填渗水性 AB 组碎石类填料、回填 C15 混凝土、回填 C25 混凝土、级配碎石掺 5% 水泥、级配碎石掺 3%水泥	—	—	√	√

表 B.0.2-4　路基排水主要构件信息深度等级

构件	属性名称	参数类型	单位/描述/取值范围	信息深度等级			
				N1	N2	N3	N4
盲沟	回填材料	枚举型	中粗砂、卵砾石	—	√	√	√
	盲沟基础材料	枚举型	C25 混凝土、C30 混凝土、C35 混凝土、C40 混凝土	—	√	√	√
	反滤层材料	枚举型	RCP—X750D(A)丝状渗排水网	—	√	√	√
	内支撑渗排水管类型	枚举型	RCP—15NG(A)	—	√	√	√
	盲沟检查井(含盖板)材料	枚举型	挖土、挖石、C30 混凝土、HPB300 钢筋	—	√	√	√

续表 B.0.2-4

构件	属性名称	参数类型	单位/描述/取值范围	信息深度等级			
				N1	N2	N3	N4
侧沟	侧沟材料	枚举型	M10 浆砌片石、C30 混凝土	—	√	√	√
	侧沟钢筋质量	重量	kg	—	—	√	√
	侧沟伸缩缝材料	枚举型	沥青麻筋	—	—	√	√
拦水坎	拦水坎材料	枚举型	C30 混凝土	—	√	√	√
	拦水坎伸缩缝材料	枚举型	沥青麻筋	—	√	√	√

表 B.0.2-5　地基处理主要构件信息深度等级

构件	属性名称	参数类型	单位/描述/取值范围	信息深度等级			
				N1	N2	N3	N4
垫层	垫层材料	枚举型	碎石垫层、中粗砂、砂砾石垫层、C15 素混凝土垫层	√	√	√	√
	土工格栅类型	枚举型	双层土工格栅、单层土工格栅	—	√	√	√
换填	挖除土方类型	枚举型	挖除普通土、挖除软弱土	—	√	√	√
	换填填料类型	枚举型	换填 AB 组填料、换填 ABC 组填料级配碎石、级配碎石 3%水泥、级配碎石 5%水泥、轻质混凝土	√	√	√	√
	防渗处理材料	枚举型	HDPE 防渗土工膜	—	—	√	√
复合地基	复合地基类型	枚举型	素混凝土桩、双向水泥搅拌桩、布袋注浆桩、旋喷桩、应力释放孔、浆固碎石桩、柱锤冲扩桩	√	√	√	√
排水固结法处理软基	处理类型	枚举型	堆载预压、真空预压	√	√	√	√
	堆载预压高	数值	m	—	√	√	√
	堆载预压材料	枚举型	预压土方、码砌袋装土等	—	√	√	√
	塑料排水板根数	根数	根	—	—	√	√
	塑料排水板长度	长度	m	—	—	√	√

续表 B.0.2-5

构件	属性名称	参数类型	单位/描述/取值范围	信息深度等级			
				N1	N2	N3	N4
预应力管桩	管桩型号	枚举型	A 型、B 型、AB 型等	—	√	√	√
	垫层材料	枚举型	碎石垫层等		√	√	√
钻孔灌注桩	持力层	枚举型	土、砂砾石、软石、卵石、次坚石、坚石	√	√	√	√
	钻孔灌注桩桩身材料	枚举型	C35 混凝土、C40 混凝土、C45 混凝土、HRB400 钢筋	√	√	√	√
	钻孔灌注桩桩身钢筋质量	重量	kg	—	—	√	√
筏板	筏板材质	枚举型	C35 混凝土、钢筋	√	√	√	√
	板梁钢筋质量	重量	kg	—	—	√	√
	伸缩缝材料	枚举型	沥青麻筋	—	—	√	√

附录C 桥涵模型单元信息深度等级

C.0.1 桥梁功能级模型单元信息深度等级划分应符合表C.0.1的规定。

表C.0.1 桥梁功能级模型单元信息深度等级

属性名称	参数类型	单位/描述/取值范围	信息深度等级			
			N1	N2	N3	N4
桥梁名称	文字	如：×××特大桥	√	√	√	√
桥梁结构形式	枚举型	梁式桥、拱桥、斜拉桥、悬索桥	—	√	√	√
孔跨布置	数值	如：(3×30+40+60+40+4×30)m	—	√	√	√
桥梁全长	数值	m	—	√	√	√
定位信息	坐标	(x,y,z)	√	√	√	√
起点里程	文字	如：K1+200	—	√	√	√
终点里程	文字	如：K1+600	—	√	√	√
中心里程	文字	如：K1+1000	—	√	√	√
上部结构形式	枚举型	混凝土梁、钢梁、钢混组合梁	—	√	√	√
上部结构材料及强度等级	枚举型	如：混凝土、C30，钢、Q345	—	√	√	√
下部结构形式	枚举型	混凝土盖梁、钢盖梁、混凝土墩柱、桩基础	—	√	√	√
下部结构材料及强度等级	枚举型	如：混凝土、C30，钢、Q345	—	√	√	√
矢跨比(拱桥、悬索桥)	数值	—	—	√	√	√
桥宽	数值	—	√	√	√	√

续表C.0.1

属性名称	参数类型	单位/描述/取值范围	信息深度等级			
			N1	N2	N3	N4
梁高	数值	—	—	√	√	√
施工方法	枚举型	悬浇、支架现浇、预制拼装、预制架设、顶推、转体	—	—	√	√

C.0.2 上部结构组成构件信息深度等级划分应符合表C.0.2的规定。

表C.0.2 上部结构组成构件信息深度等级

构件	属性名称	参数类型	单位/描述/取值范围	信息深度等级			
				N1	N2	N3	N4
分片式主梁	梁截面尺寸	数值	cm	—	√	√	√
	梁长	数值	cm	√	√	√	√
	混凝土强度等级	文字	如:C30	—	—	√	√
	钢筋材料信息	文字	HPB300、HRB400	—	√	√	√
	施工工艺	枚举型	现浇、预制架设	—	—	√	√
湿接缝	湿接缝长度	数值	cm	—	√	√	√
	湿接缝宽度	数值	cm	—	√	√	√
混凝土箱梁	梁截面尺寸	数值	cm	—	√	√	√
	梁长	数值	cm	√	√	√	√
	截面类型	枚举型	单箱单室、单箱双室	—	—	√	√
	施工方式	枚举型	现浇、悬浇、预制架设	—	—	√	√
	混凝土强度等级	文字	如:C30	—	√	√	√
	钢筋材料信息	文字	HPB300、HRB400	—	√	√	√
钢箱梁	梁截面尺寸	数值	cm	—	√	√	√
	梁长	数值	cm	√	√	√	√
	横隔板尺寸	数值	cm	—	—	√	√
	横隔板间距	数值	cm	—	—	√	√

续表C.0.2

构件	属性名称	参数类型	单位/描述/取值范围	信息深度等级			
				N1	N2	N3	N4
钢箱梁	横隔板形式	枚举型	整体式、桁架式	—	—	√	√
	截面类型	枚举型	单箱单室、单箱双室	—	—	√	√
	钢材材料信息	文字	如:Q235	—	√	√	√
	施工方式	枚举型	工厂预制、现场焊接	—	—	√	√
钢桁梁	桁架梁高度	数值	cm	√	√	√	√
	桁架梁长	数值	cm	√	√	√	√
	杆件截面尺寸	数值	cm	—	√	√	√
	杆件长度	数值	cm	—	√	√	√
	节点板尺寸	数值	cm	—	—	√	√
	钢材材料信息	文字	如:Q235	—	√	√	√
	施工方式	枚举型	工厂预制、现场焊接	—	—	√	√
钢混组合梁	钢结构尺寸	参照钢箱梁、钢桁梁构件	cm	—	√	√	√
	混凝土桥面板尺寸	数值	cm	—	√	√	√
	剪力钉尺寸	数值	cm	—	—	√	√
	剪力钉布置间距	数值	cm	—	—	√	√
	截面类型	枚举型	单箱单室、单箱双室	—	√	√	√
	钢材材料信息	文字	如:Q235	—	√	√	√
	混凝土材料信息	文字	如:C30	—	√	√	√
	钢筋材料信息	文字	如:Q235	—	—	√	√
拱	拱圈高度	数值	cm	√	√	√	√
	拱圈跨度	数值	cm	√	√	√	√
	矢跨比	数值	—	√	√	√	√
	拱各部分尺寸	数值	cm	—	√	√	√
	材料种类	枚举型	混凝土、钢筋、钢材	—	√	√	√

续表C.0.2

构件	属性名称	参数类型	单位/描述/取值范围	信息深度等级			
				N1	N2	N3	N4
拱	施工工艺	文字	施工技术要求	—	—	√	√
钢筋混凝土拱	劲性骨架截面尺寸	数值	cm	—	—	√	√
	骨架长度	数值	cm	—	—	√	√
	劲性骨架类型	枚举型	钢管、工字钢	—	√	√	√
钢桁拱	杆件长度	数值	cm	—	√	√	√
	杆件截面尺寸	数值	cm	—	—	√	√
	节点板尺寸	数值	cm	—	—	√	√
	杆件截面形式	枚举型	H形、箱形、圆管	—	√	√	√
	节点构造形式	枚举型	拼装式、整体式	—	√	√	√
钢管拱	管内混凝土截面尺寸	数值	cm	—	—	√	√
主缆	主缆截面尺寸	数值	cm	—	—	√	√
	主缆根数	数值	根	—	—	√	√
	矢跨比	数值	—	√	√	√	√
	主缆成桥几何线型	数值	—	√	√	√	√
	主缆类型	枚举型	钢丝绳、平行钢丝	—	√	√	√
	主缆材料及强度等级	枚举型	钢丝绳、平行钢丝 1570 MPa	—	√	√	√
锚锭	锚锭几何尺寸	数值	cm	√	√	√	√
	锚锭形式	枚举型	自锚、地锚	√	√	√	√
	混凝土强度等级	文字	如:C30	—	√	√	√
	主缆与锚锭的连接形式	枚举型	型钢锚固、预应力锚固	—	—	√	√
	施工工艺	文字	施工技术要求	—	—	√	√
吊杆	吊杆截面尺寸	数值	cm	—	—	√	√
	吊杆类型	枚举型	钢丝绳、平行钢丝	—	√	√	√
	连接方式	枚举型	骑跨式、销接式	—	√	√	√

续表C.0.2

构件	属性名称	参数类型	单位/描述/取值范围	信息深度等级			
				N1	N2	N3	N4
接触网基础	基础尺寸	数值	cm	—	—	√	√
	定位信息	数值	(x,y,z)	—	—	√	√
	混凝土强度等级	文字	如:C30	—	—	√	√
角钢支架	截面尺寸	数值	cm	—	—	√	√
	定位信息	数值	(x,y,z)	—	—	√	√
	材料种类	文字	钢材	—	—	√	√
电缆槽	截面尺寸	数值	cm	—	—	√	√
	定位信息	数值	(x,y,z)	—	—	√	√
	材料种类及强度等级	文字	如:C30	—	—	√	√
护栏板	几何尺寸	数值	cm	—	—	√	√
	材料种类及强度等级	文字	混凝土、钢材 C30	—	—	√	√
竖墙、道砟槽、挡水墙、人行道板、避车台、声屏障基础	截面尺寸	数值	cm	—	—	√	√
	定位信息	数值	(x,y,z)	—	—	√	√
	混凝土强度等级	文字	如:C30	—	—	√	√

C.0.3 下部结构组成构件信息深度等级划分应符合表 C.0.3 的规定。

表 C.0.3 下部结构组成构件信息深度等级

构件	属性名称	参数类型	单位/描述/取值范围	信息深度等级			
				N1	N2	N3	N4
墩身、墩柱、台身、台帽	截面尺寸	数值	cm	—	√	√	√
	墩高	数值	cm	—	—	√	√
	墩身坡度	数值	—	—	—	√	√
	里程定位信息	数值	如:K1+600	√	√	√	√

续表C.0.3

构件	属性名称	参数类型	单位/描述/取值范围	信息深度等级			
				N1	N2	N3	N4
吊杆	材料种类及强度等级	枚举型	混凝土、石砌	—	√	√	√
	截面类型	枚举型	矩形、圆形、圆端形	—	√	√	√
	施工方式	枚举型	工厂预制、现场浇筑	—	—	√	√
盖梁	截面尺寸	数值	cm	—	√	√	√
	盖梁长度	数值	cm	—	√	√	√
	材料类型、等级	枚举型	混凝土(C30)钢筋(HPB300)钢材(Q235)	—	√	√	√
	施工方式	枚举型	现场浇筑、预制吊装	—	—	√	√
垫石	垫石高度	数值	cm	—	—	√	√
	垫石尺寸	数值	cm	—	√	√	√
	垫石定位信息	数值	(x,y,z)	—	—	√	√
	材料种类及强度等级	枚举型	混凝土(C30)	—	√	√	√
承台	承台尺寸	数值	cm	—	√	√	√
	截面类型	枚举型	矩形、三角形、六边形	—	√	√	√
	垫层厚度	数值	cm	—	—	√	√
	材料种类及强度等级	枚举型	混凝土(C30)钢筋(HPB300)	—	√	√	√
	施工方式	枚举型	工厂预制、现场浇筑	—	—	√	√
桩基	桩径	数值	cm	—	√	√	√
	桩长	数值	cm	—	√	√	√
	桩基类型	枚举型	摩擦桩、嵌岩桩	—	√	√	√
	入岩深度	数值	cm	—	—	√	√
	桩位坐标	数值	(x,y,z)	—	—	√	√
	施工方式	枚举型	挖孔、钻孔	—	—	√	√
沉井	结构尺寸	数值	cm	—	√	√	√
	分节信息	数值	—	—	—	√	√
	定位信息	数值	(x,y,z)	—	—	√	√

续表C.0.3

构件	属性名称	参数类型	单位/描述/取值范围	信息深度等级			
				N1	N2	N3	N4
扩大基础	结构尺寸	数值	cm	—	—	√	√
	层数	数值	—	—	—	√	√
	材料种类及强度等级	枚举型	混凝土(C30)	—	—	√	√

C.0.4 涵洞框架功能级信息深度等级划分应符合表C.0.4的规定。

表C.0.4 涵洞框架功能级信息深度等级

属性名称	参数类型	单位/描述/取值范围	信息深度等级			
			N1	N2	N3	N4
孔径	数值	m	√	√	√	√
涵长	数值	m	—	√	√	√
与线路相交角度	数值	度	√	√	√	√
定位里程信息	数值	如:K1+600	√	√	√	√
结构形式	枚举型	圆涵、框架涵、盖板涵、整体式框架桥、分离式框架桥	—	√	√	√
材料种类及强度等级	枚举型	混凝土(C30)	—	—	√	√
施工工艺	枚举型	现浇、顶进	—	—	—	√

C.0.5 涵洞框架组成构件信息深度等级划分应符合表C.0.5的规定。

表C.0.5 涵洞框架组成构件信息深度等级

构件	属性名称	参数类型	单位/描述/取值范围	信息深度等级			
				N1	N2	N3	N4
涵节	净高	数值	m	√	√	√	√
	涵节长度	数值	m	—	√	√	√

续表C.0.5

构件	属性名称	参数类型	单位/描述/取值范围	信息深度等级			
				N1	N2	N3	N4
翼墙、边墙、盖板	结构尺寸	数值	m	—	—	√	√
	材料种类及强度等级	枚举型	混凝土(C30)	—	—	√	√
锥体	椎体尺寸	数值	m	—	√	√	√
	定位信息	数值	(x,y,z)	√	√	√	√
	材料种类及强度等级	枚举型	混凝土(C30)	—	—	√	√

C.0.6 附属结构组成构件信息深度等级划分应符合表 C.0.6 的规定。

表 C.0.6 附属结构组成构件信息深度等级

属性名称	参数类型	单位/描述/取值范围	信息深度等级			
			N1	N2	N3	N4
类型	文字	—	—	—	√	√
规格	文字	—	—	—	√	√

附录 D 隧道模型单元信息深度等级

D.0.1 隧道功能级模型单元信息深度等级划分应符合表D.0.1的规定。

表 D.0.1 隧道功能级模型单元信息深度等级

属性名称	参数类型	单位/描述/取值范围	信息深度等级			
			N1	N2	N3	N4
隧道起始里程	文字	如:K0+000m	—	√	√	√
隧道结束里程	文字	如:K0+000m	—	√	√	√
时速	文字	160 km/h	√	√	√	√
隧道数值	数值	m	√	√	√	√
管片分块	整数	块	√	√	√	√
管片宽度	宽度	m	√	√	√	√
管片厚度	数值	m	√	√	√	√
管片楔形量表	数据表	—	—	√	√	√
混凝土等级	文字	C60	√	√	√	√
坡度	文字	5‰	√	√	√	√
预留变形量	数值	m	√	√	√	√
轨上净空面积	面积	m^2	√	√	√	√
线路数量	文字	双线	√	√	√	√
内部结构类型	文字	全预制/现浇	√	√	√	√

D.0.2 盾构隧道组成主要构件信息深度等级划分应符合表 D.0.2的规定。

表 D.0.2 盾构隧道组成主要构件信息深度等级

构件	属性名称	参数类型	单位/描述/取值范围	信息深度等级			
				N1	N2	N3	N4
标准块、临接块、封顶块	分块角度	度	°	√	√	√	√
	宽度	数值	m	√	√	√	√
	厚度	数值	m	√	√	√	√
	内弧半径	数值	m	√	√	√	√
	外弧半径	数值	m	√	√	√	√
螺栓、螺帽	类型	文字	直螺栓/斜螺栓	—	√	√	√
	型号	文字	M36	—	√	√	√
	材料	文字	Q235	—	√	√	√
	数值	数值	m	—	√	√	√
	直径	数值	m	—	√	√	√
垫片	材料	文字	橡胶	—	√	√	√
	内径	数值	m	—	√	√	√
	外径	数值	m	—	√	√	√
	厚度	数值	m	—	√	√	√
手孔	类型	文字	斜孔	—	√	√	√
	张角	度	°	—	√	√	√
	倒角	度	°	—	√	√	√
	开口边长	数值	m	—	√	√	√
注浆孔	保留混凝土厚度	数值	m	—	√	√	√
	孔深	数值	m	—	√	√	√
	孔径	数值	m	—	√	√	√
注浆管	直径	数值	m	—	√	√	√
	厚度	数值	m	—	√	√	√
	数值	数值	m	—	√	√	√
	螺旋管牙距	规格	M16	—	√	√	√

续表D.0.2

构件	属性名称	参数类型	单位/描述/取值范围	信息深度等级			
				N1	N2	N3	N4
注浆管	止浆阀型号	文字	—	—	√	√	√
	密封垫 1 尺寸	文字	内径 28 mm,外径 36 mm	—	√	√	√
	密封垫 2 尺寸	文字	内径 28 mm,外径 36 mm	—	√	√	√
吊装孔	底径	数值	m	—	√	√	√
	口径	数值	m	—	√	√	√
	深度	数值	m	—	√	√	√
海绵橡胶条	材料	文字	—	—	√	√	√
	宽度	数值	m	—	√	√	√
	厚度	数值	m	—	√	√	√
	性能要求	文字	—	—	√	√	√
弹性橡胶密封垫	材料	文字	—	—	√	√	√
	类型	文字	—	—	√	√	√
	宽度	数值	m	—	√	√	√
	厚度	数值	m	—	√	√	√
	密封垫总面积	面积	m^2	—	√	√	√
	性能要求	文字	—	—	√	√	√
聚醚型聚氨酯弹性体	材料	文字	—	—	√	√	√
	宽度	数值	m	—	√	√	√
	厚度	数值	m	—	√	√	√
	总面积	面积	m^2	—	√	√	√
	性能要求	文字	—	—	√	√	√
泡沫棒、聚硫密封胶	类型	文字	—	—	√	√	√
	材料	文字	—	—	√	√	√
	直径	数值	m	—	√	√	√
	总面积	面积	m^2	—	√	√	√
	性能要求	文字	—	—	√	√	√

续表D.0.2

构件	属性名称	参数类型	单位/描述/取值范围	信息深度等级			
				N1	N2	N3	N4
丁腈软木橡胶衬垫	类型	文字	—	—	√	√	√
	材料	文字	—	—	√	√	√
	宽度	数值	m	—	√	√	√
	厚度	数值	m	—	√	√	√
	性能要求	文字	—	—	√	√	√
定位棒	材料	文字	—	√	√	√	√
	直径	数值	m	√	√	√	√
	性能要求	文字	—	—	√	√	√
铸铁管片、钢管片、复合管片	分块角度	度	°	—	√	√	√
	宽度	数值	m	—	√	√	√
	厚度	数值	m	—	√	√	√
	内弧半径	数值	m	—	√	√	√
	外弧半径	数值	m	—	√	√	√
疏散平台、电缆槽、口字件、左边箱涵、右边箱涵、中隔墙、牛腿、盖板	类型	文字	预制	√	√	√	√
	材料	文字	C30	√	√	√	√
	数值	数值	m	√	√	√	√
	宽度	数值	m	√	√	√	√
	厚度	数值	m	√	√	√	√
垫层、平台扶手、钢梯、初支混凝土、初支钢架、模筑衬砌、防火墙	材料	文字	C10 水泥砂浆	—	√	√	√
	厚度	数值	m	—	√	√	√
超前加固	类型	文字	小导管注浆	—	√	√	√
	材料	文字	—	—	√	√	√
	数值	数值	m	—	√	√	√

续表D.0.2

构件	属性名称	参数类型	单位/描述/取值范围	信息深度等级			
				N1	N2	N3	N4
纵向连接筋、锚杆	型号	文字	—	—	√	√	√
	材料	文字	—	—	√	√	√
	直径	数值	m	—	√	√	√
镀锌钢板止水带、遇水膨胀橡胶、中置式高分子止水带	型号	文字	—	—	√	√	√

D.0.3 明挖隧道组成主要构件信息深度等级划分应符合表D.0.3的规定。

表 D.0.3 明挖隧道组成主要构件信息深度等级

属性名称	参数类型	单位/描述/取值范围	信息深度等级			
			N1	N2	N3	N4
编号	文字	第一道支撑一1	√	√	√	√
材料	文字	C35	—	√	√	√
壁厚	数值	m	—	√	√	√
断面	面积	m^2	√	√	√	√
高度	数值	m	—	√	√	√
厚度	数值	m	—	√	√	√
宽度	数值	m	—	√	√	√
内径	数值	m	—	√	√	√
长度	数值	m	√	√	√	√

D.0.4 矿山法隧道组成主要构件信息深度等级划分应符合表 D.0.4 的规定。

表 D.0.4 矿山法隧道组成主要构件信息深度等级

属性名称	参数类型	单位/描述/取值范围	信息深度等级			
			N1	N2	N3	N4
类型	文字	钢花管	—	√	√	√
型号	文字	ϕ25	—	√	√	√
材料	文字	—	—	√	√	√
尺寸	数值/面积	m/m^2	—	√	√	√
断面	面积	m^2	√	√	√	√
高度	数值	m	—	√	√	√
厚度	数值	m	√	√	√	√
宽度	数值	m	√	√	√	√
直径	数值	m	—	√	√	√

附录E 建筑模型单元信息深度等级

E.0.1 建筑功能级模型单元信息深度等级划分应符合表E.0.1的规定。

表 E.0.1 建筑功能级模型单元信息深度等级

属性名称	参数类型	单位/描述/取值范围	信息深度等级			
			N1	N2	N3	N4
耐火等级	枚举型	一级,二级,三级,四级	√	√	√	√
防火等级	枚举型	一级,二级,三级,四级	√	√	√	√
防水等级	枚举型	一级,二级,三级,四级	√	√	√	√
防淹等级	枚举型	一级,二级,三级,四级	√	√	√	√
人防等级	枚举型	一级,二级,三级,四级,五级,六级	√	√	√	√
设计年限	整数	>0	√	√	√	√
车站中心里程	文字	如:K0+000m	—	√	√	√
车站起点里程	文字	如:K1+000m	—	√	√	√
车站终点里程	文字	如:K0+000m	—	√	√	√
单体建筑名称	文字	如:中央公园站	—	√	√	√
车站形式	文字	如:T形换乘	—	√	√	√
结构类型	文字	如:框架	—	√	√	√
车站规模	文字	如:225.2×20.1×12.2 m	—	√	√	√
有效站台尺寸	文字	如:120.0×12.4 m	—	√	√	√
车辆编组	文字	如:6B	—	√	√	√
车站净长	数值	m	√	√	√	√
车站净宽	数值	m	√	√	√	√

续表E.0.1

属性名称	参数类型	单位/描述/取值范围	信息深度等级			
			N1	N2	N3	N4
外包总长	数值	m	√	√	√	√
外包宽	数值	m	√	√	√	√
建筑高度	数值	m	√	√	√	√
车站层数	整数	>0	√	√	√	√
覆土厚度	数值	m	√	√	√	√
轨面埋深	数值	m	√	√	√	√
底板地面埋深	数值	m	√	√	√	√
占地面积	面积	m^2	√	√	√	√
建筑面积	面积	m^2	√	√	√	√
拆迁面积	二维坐标数组{(X,Y),(X,Y),…}	{(m,m),(m,m),…}	√	√	√	√
内轮廓坐标	二维坐标数组{(X,Y),(X,Y),…}	{(m,m),(m,m),…}	√	√	√	√
配套附属用房面积	面积	m^2	√	√	√	√
出入口数量	整数	>0	√	√	√	√
风亭数量	整数	>0	√	√	√	√

E.0.2 建筑构件信息深度等级划分应符合表E.0.2的规定。

表E.0.2 建筑构件信息深度等级

属性名称	参数类型	单位/描述/取值范围	信息深度等级			
			N1	N2	N3	N4
类型名称	文字	—	—	√	√	√
规格	文字	—	—	√	√	√
位置	位置参数(X,Y,Z,R)	(mm,mm,mm,°)	—	√	√	√
高度	数值	m	—	√	√	√
宽度	数值	m	—	√	√	√

续表E.0.2

属性名称	参数类型	单位/描述/取值范围	信息深度等级			
			N1	N2	N3	N4
厚度	数值	m	—	√	√	√
纵坡	坡度	%	—	√	√	√
材质	文字	—	—	√	√	√
踢面数	整数	>0	—	√	√	√
踢面高度	数值	m	—	√	√	√
踏板深度	数值	m	—	√	√	√
梯段宽度	数值	m	—	√	√	√
平台宽度	数值	m	—	√	√	√
内径宽度	数值	mm	—	—	√	√
内径数值	数值	mm	—	—	√	√

附录F 结构模型单元信息深度等级

F.0.1 围护结构构件级模型单元信息深度等级划分应符合表F.0.1的规定。

表F.0.1 围护结构构件级模型单元信息深度等级

属性名称	参数类型	单位/描述/取值范围	信息深度等级			
			N1	N2	N3	N4
构件名称	文字	枚举	—	√	√	—
混凝土强度等级	文字	如:C30	—	√	√	—
钢筋保护层厚度	数值	mm	—	√	√	—
钢材种类	文字	如:Q235	—	√	√	—
防水等级	文字	如:P8	—	√	√	—
型钢尺寸	文字	如:H400×400×13×21	—	√	√	—
体积	文字	如:24.6 m^3	—	√	√	—
宽	数值	mm	—	√	√	—
高	数值	mm	—	√	√	—
长	数值	mm	—	√	√	—
边长	数值	mm	—	√	√	—
厚度	数值	mm	—	√	√	—
直径	数值	mm	—	√	√	—
壁厚	数值	mm	—	√	√	—
间距	数值	mm	—	√	√	—
间距	数值	mm	—	√	√	—
标高	高程	如:+4.500 m	—	√	√	—
加固强度	文字	如:0.28 MPa	—	√	√	—

续表F.0.1

属性名称	参数类型	单位/描述/取值范围	信息深度等级			
			N1	N2	N3	N4
水泥掺量	文字	如:20%	—	√	√	—
加固深度	数值	mm	—	√	√	—

F.0.2 主体结构构件级模型单元信息深度等级划分应符合表 F.0.2 的规定。

表 F.0.2 主体结构组成主要构件信息深度等级

属性名称	参数类型	单位/描述/取值范围	信息深度等级			
			N1	N2	N3	N4
构件名称	文字	如:ZL—2	—	√	√	√
混凝土强度等级	文字	如:C35	—	√	√	√
钢筋保护层厚度	数值	mm	—	√	√	√
钢材种类	文字	如:Q235b	—	√	√	√
截面类型	文字	如:箱型,500×400×20x	—	√	√	√
材料种类	文字	如:组合屋面板,150 mm 厚	—	√	√	√
防水等级	文字	如:P8	—	√	√	√
板厚	数值	mm	—	√	√	√
纵坡	坡度	如:2‰	—	√	√	√
顶标高	高程	如:+4.500 m	—	√	√	√
宽	数值	mm	—	√	√	√
高	数值	mm	—	√	√	√
长	数值	mm	—	√	√	√
梯段宽度	数值	mm	—	√	√	√
踏步深度	数值	mm	—	√	√	√

续表F.0.2

属性名称	参数类型	单位/描述/取值范围	信息深度等级			
			N1	N2	N3	N4
踏步高度	数值	mm	—	√	√	√
回填厚度	数值	mm	—	√	√	√
垫层厚度	数值	mm	—	√	√	√
屋面坡度	坡度	如:5%	—	√	√	√
桩编号	文字	如:桩-12				
桩径	数值	mm	—	√	√	√
桩长	数值	mm	—	√	√	√
承台名称	文字	如:CT-1	—	√	√	√
直径	数值	mm	—	√	√	√

F.0.3 结构防水构件级模型单元信息深度等级划分应符合表F.0.3的规定。

表F.0.3 结构防水构件级模型单元信息深度等级

属性名称	参数类型	单位/描述/取值范围	信息深度等级			
			N1	N2	N3	N4
厚度	文字	mm	—	√	√	√
位置	文字	如:结构顶板	—	√	√	√
生产厂家	文字	××厂家	—	—	√	√
混凝土等级	数字	如:C35	—	√	√	√
防水等级	文字	如:P8	—	√	√	√
钢板厚	数值	mm	—	√	√	√
位置	文字	如:内衬墙处	—	√	√	√

附录G　轨道模型单元信息深度等级

G.0.1　轨道功能级模型单元信息深度等级划分应符合表G.0.1的规定。

表G.0.1　轨道功能级模型单元信息深度等级

属性名称	参数类型	单位/描述/取值范围	信息深度等级			
			N1	N2	N3	N4
项目名称	文字	—	√	√	√	√
线路类型	枚举型	正线、联络线……	√	√	√	√
铁路等级	枚举型	市域铁路	√	√	√	√
设计速度	速度	km/h	√	√	√	√
起点里程	文字	如:DK0+000m	√	√	√	√
终点里程	文字	如:DK1+000m	√	√	√	√
线路数值	数值	m	√	√	√	√
正线轨道结构类型	枚举型	双块式无砟轨道、有砟轨道、轨枕埋入式无砟轨道	√	√	√	√
站线轨道结构类型	枚举型	有砟轨道	√	√	√	√
减振结构类型	枚举型	双层非线性减振扣件、钢弹簧浮置板轨道、橡胶隔振垫减振轨道	—	√	√	√
无缝线路类型	文字	如:跨区间无缝线路	√	√	√	√
轨距	数值	—	—	√	√	√
轨底坡	数值	—	—	√	√	√
平面曲线表	数据表	—	—	√	√	√
线路坡度表	数据表	—	—	√	√	√
断链表	数据表	—	—	√	√	√

G.0.2 轨道构件级模型单元信息深度等级划分应符合表G.0.2的规定。

表 G.0.2 轨道构件级模型单元信息深度等级

构件	属性名称	参数类型	单位/描述/取值范围	信息深度等级			
				N1	N2	N3	N4
钢轨	钢轨断面类型	枚举型	60,50	—	√	√	√
	钢轨定尺数值	数值	m	—	√	√	√
	材料	文字	—	—	√	√	√
	交货状态	文字	—	—	—	√	√
	数值	数值	m	—	√	√	√
	厂商	文字	—	—	√	√	√
	生产时间	文字	—	—	—	√	√
扣件	类型	枚举值	—	—	√	√	√
	间距	数值	mm	—	√	√	√
	材料	文字	—	—	√	√	√
	厂商	文字	—	—	—	√	√
	生产时间	文字	—	—	—	√	√
轨枕	类型	枚举型	如:长枕	—	√	√	√
	长	数值	mm	—	√	√	√
	宽	数值	mm	—	√	√	√
	厚	数值	mm	—	√	√	√
	间距	数值	mm	—	√	√	√
	材料	文字	—	—	√	√	√
	厂商	文字	—	—	—	√	√
	生产时间	文字	—	—	—	√	√
道床板、底座、自密实混凝土层	起点里程	文字	—	—	√	√	√
	终点里程	文字	—	—	√	√	√
	长	文字	mm	—	√	√	√

续表G.0.2

构件	属性名称	参数类型	单位/描述/取值范围	信息深度等级			
				N1	N2	N3	N4
道床板、底座、自密实混凝土层	宽	数值	mm	—	√	√	√
	厚	数值	mm	—	√	√	√
	材料	文字	—	—	√	√	√
	混凝土等级	枚举型	C30、C40 等	—	√	√	√
	钢筋等级	枚举型	HRB300 等	—	√	√	√
	混凝土体积	数值	m^3	—	√	√	√
	钢筋重量	数值	kg	—	√	√	√
支承层	起点里程	文字	—	—	√	√	√
	终点里程	文字	—	—	√	√	√
	长	数值	mm	—	√	√	√
	宽	数值	mm	—	√	√	√
	高	数值	mm	—	√	√	√
	材料	文字	—	—	√	√	√
	体积	数值	m^3	—	√	√	√
道砟层	道砟等级	枚举型	—	—	√	√	√
	起点里程	文字	—	—	√	√	√
	终点里程	文字	—	—	√	√	√
	数值	数值	mm	—	√	√	√
	道床厚度	数值	mm	—	√	√	√
	道床边坡	数值	mm	—	√	√	√
	砟肩堆高	数值	mm	—	√	√	√
	道砟用量	数值	—	—	√	√	√
	道砟材料	文字	—	—	√	√	√
道岔	类型	枚举型	9 号单开道岔等	—	√	√	√
	道岔里程	文字	—	—	√	√	√
	道岔号数	枚举型	9 号、12 号等	—	√	√	√

续表G.0.2

构件	属性名称	参数类型	单位/描述/取值范围	信息深度等级			
				N1	N2	N3	N4
道岔	道岔型号	枚举型	国铁12号10(017)、专线(07)004、专线4249等	—	√	√	√
	道岔全长	数值	mm	—	√	√	√
	道岔前长	数值	mm	—	√	√	√
	道岔后长	数值	mm	—	√	√	√
	厂商	文字	—	—	—	√	√
	生产时间	文字	—	—	—	√	√
钢轨伸缩调节器	类型	枚举型	—	—	√	√	√
	布置里程	文字	—	—	√	√	√
	桥梁名称	文字	—	—	√	√	√
	温度跨度	数值	mm	—	√	√	√
	全长	数值	mm	—	√	√	√
	设计伸缩量	数值	mm	—	√	√	√
	调节器型号	文字		—	√	√	√
	调节器伸缩量	数值	mm	—	√	√	√
	伸缩装置型号	文字		—	√	√	√
	伸缩装置伸缩量	数值	mm	—	√	√	√
位移观测桩	类型	枚举型	—	—	√	√	√
	材料	文字	—	—	√	√	√
	间距	数值	m	—	√	√	√
	长	数值	mm	—	√	√	√
	宽	数值	mm	—	√	√	√
	高	数值	mm	—	√	√	√
弹性垫层、土工布	组成	文字	—	—	√	√	√
	材料	文字	—	—	√	√	√
	长	数值	mm	—	√	√	√

续表G.0.2

构件	属性名称	参数类型	单位/描述/取值范围	信息深度等级			
				N1	N2	N3	N4
弹性垫层、土工布	宽	数值	mm	—	√	√	√
	高	数值	mm	—	√	√	√
	面积	数值	m^2	—	√	√	√
	厂商	文字	—	—	—	√	√
	生产时间	文字	—	—	—	√	√

附录 H 站场模型单元信息深度等级

H.0.1 站场构件级模型单元信息深度等级划分应符合表 H.0.1 的规定。

表 H.0.1 站场构件级模型单元信息深度等级

构件	属性名称	参数类型	单位/描述/取值范围	信息深度等级			
				N1	N2	N3	N4
站台	材料	文字	如混凝土方砖、连锁砌块	√	√	√	√
	站台前段里程	里程	如 CK1＋100	√	√	√	√
	站台后端里程	里程	如 CK1＋320	√	√	√	√
	站台高度	长度	m	√	√	√	√
	站台宽度	长度	m	√	√	√	√
标志标牌	尺寸	文字	如：50×15×80 cm	—	√	√	√
	定位信息	文字	里程＋偏距	—	√	√	√
	标志内容	文字	标志内容	—	√	√	√
警冲标	定位信息	文字	里程＋偏距	—	√	√	√
	所属股道信息	文字	道岔编号、股道编号	—	√	√	√
车挡	类别	文字	土堆式/浆砌片石式/弯轨式	—	—	√	√
	尺寸	文字	如：500×500×120 cm	—	—	√	√
挡车器	类别	文字	固定式/滑动式/液压式	—	—	√	√
	型号	文字	HJD—100	—	—	√	√
	尺寸	文字	如：50×15×80 cm	—	—	√	√
铁鞋	类别	文字	普通铁鞋/自锁式铁鞋	—	—	√	√
	型号	文字	ZX 型/fd1 型	—	—	√	√

续表H.0.1

构件	属性名称	参数类型	单位/描述/取值范围	信息深度等级			
				N1	N2	N3	N4
围墙	材料	文字	实心砖、空心砖、石砌……	—	√	√	√
	高度	长度	m	√	√	√	√
	厚度	长度	m	√	√	√	√
防护栅栏	材料	文字	铁、钢丝网……	√	√	√	√
	高度	长度	m	√	√	√	√
电缆槽	类型	文字	电力、通信、信息	—	√	√	√
	图号	文字	—	—	√	√	√
	尺寸	文字	如：50×15×80 cm	—	√	√	√
综合管沟	类型	文字	如：50×15×80 cm	—	—	√	√
	底标高标注	文字	如：−4.5 m	—	—	√	√
路基面排水槽	材质	材质	混凝土、石砌	—	—	√	√
	型号	长度	m	—	√	√	√
	深度	长度	m	—	√	√	√
	底宽	长度	m	—	√	√	√
	厚度	长度	m	—	√	√	√
	圬工方	数值	m^3	—	—	√	√

附录J 电力牵引供电模型单元信息深度等级

J.0.1 电力牵引供电功能级模型单元信息深度等级划分应符合表J.0.1的规定。

表J.0.1 电力牵引供电功能级模型单元信息深度等级

属性名称	参数类型	描述/单位	信息深度等级			
			N1	N2	N3	N4
所亭名称	文字	—	√	√	√	√
所亭类型	枚举型	变电所、分区所、开闭所、自耦所	√	√	√	√
所亭位置	文字	—	√	√	√	√
进线电压	电压	kV	√	√	√	√
出线电压	电压	kV	√	√	√	√
变压器容量	容量	kVA	√	√	√	√

J.0.2 电力牵引供电（牵引便电）构件级模型单元信息深度等级划分应符合表J.0.2的规定。

表J.0.2 电力牵引供电构件级模型单元信息深度等级

构件	属性名称	参数类型	描述/单位	信息深度等级			
				N1	N2	N3	N4
进线架构、门型架构、终端架构、单杆架构	高度	文字	—	—	√	√	√
	材质	文字	—	—	√	√	√
	类型	文字	格构式、混凝土圆杆等	—	√	√	√
变压器	名称	文字	—	√	√	√	√
	编号	文字	—	√	√	√	√
	型号	文字	—	—	—	√	√

续表J.0.2

构件	属性名称	参数类型	描述/单位	信息深度等级			
				N1	N2	N3	N4
变压器	厂家	文字	—	—		√	√
	容量	功率	—	√	√	√	√
	变比	比值	—	√	√	√	√
	结线型式	文字	单相、三相 V/V、三相 V/X、平衡结线等	√	√	√	√
互感器	名称	文字	—	√	√	√	√
	编号	文字	—	√	√	√	√
	型号	文字	—	—	—	√	√
	厂家	文字	—	—	—	√	√
	电压	电压	—	√	√	√	√
	变比	比值	—	√	√	√	√
	准确等级	文字	—	√	√	√	√
避雷器	名称	文字	—	√	√	√	√
	编号	文字	—	√	√	√	√
	型号	文字	—	—	—	√	√
	厂家	文字	—	—	—	√	√
	电压	电压	—	√	√	√	√
	残压	电压	—		√	√	√
	标称放电电流	电流	—	—	√	√	√
开关装置	名称	文字	—	√	√	√	√
	编号	文字	—	√	√	√	√
	型号	文字	—	—	—	√	√
	厂家	文字	—	—	—	√	√
	电压	电压	—	√	√	√	√
	电流	电流	—	√	√	√	√
	相数	整数	—	√	√	√	√
	绝缘介质	文字	—	√	√	√	√

续表J.0.2

构件	属性名称	参数类型	描述/单位	信息深度等级			
				N1	N2	N3	N4
箱式所	名称	文字	—	√	√	√	√
	编号	文字	—	√	√	√	√
	型号	文字	—	—	—	√	√
	厂家	文字	—	—	—	√	√
	电压	电压	—	√	√	√	√
	电流	电流	—	√	√	√	√
端子箱	端子排数量	整数	—	—	—	√	√
独立避雷针	材质	文字	—	—	√	√	√
集中接地箱	母排型号	文字	—	—	—	√	√
接地网	材质	文字	—	—	√	√	√
	型号	文字	—	—	—	√	√
控制保护屏	名称	文字	—	√	√	√	√
	编号	文字	—	√	√	√	√
	型号	文字	—	—	—	√	√
	厂家	文字	—	—	—	√	√
交直流屏	名称	文字	—	√	√	√	√
	编号	文字	—	√	√	√	√
	型号	文字	—	—	—	√	√
	厂家	文字	—	—	—	√	√
	馈电回路数	整数	—	—	√	√	√
	蓄电池数量	整数	—	—	√	√	√
接触网开关控制屏、调度机房设备、调度台设备	名称	文字	—	√	√	√	√
	编号	文字	—	√	√	√	√
	型号	文字	—	—	—	√	√
	厂家	文字	—	—	—	√	√

J.0.3 接触网构件级模型单元信息深度等级划分应符合表J.0.3的规定。

表J.0.3 接触网构件级模型单元信息深度等级

构件	属性名称	参数类型	单位/描述/取值范围	信息深度			
				N1	N2	N3	N4
支柱基础、拉线基础	长度	文字	—	—	√	√	√
	宽度	文字	—	—	√	√	√
	高度	文字	—	—	√	√	√
	材质	文字	—	—	√	√	√
单拉线、双拉线	材质	文字	—	—	√	√	√
化学锚栓、预埋槽道、软横跨、钢管硬横梁、格构式硬横梁	长度	文字	—	—	√	√	√
	材质	文字	—	—	√	√	√
	厂家	文字	—	—	—	√	√
	型号	文字	—	—	√	√	√
横腹式混凝土支柱、环形等径混凝土支柱、环形等径钢管支柱、H型钢柱、格构式钢柱、方形吊柱、圆钢管吊柱	高度	文字	—	—	√	√	√
	型号	文字	—	—	√	√	√
	厂家	文字	—	—	—	√	√
	材质	文字	—	—	√	√	√
腕臂	长度	文字	—	—	√	√	√
	厂家	文字	—	—	—	√	√
	型号	文字	—	—	—	√	√
	材质	文字	—	—	√	√	√
隧道水平悬挂装置	长度	文字	—	—	√	√	√
	厂家	文字	—	—	—	√	√
	型号	文字	—	—	—	√	√
	材质	文字	—	—	√	√	√
定位装置	长度	文字	—	—	√	√	√
	材质	文字	—	—	√	√	√

续表J.0.3

构件	属性名称	参数类型	单位/描述/取值范围	信息深度			
				N1	N2	N3	N4
定位装置	厂家	文字	—	—	—	√	√
	型号	文字	—	—	—	√	√
接触导线、承力索、吊弦、弹性吊索、电连接、附加导线、电缆	材质	文字	—	—	√	√	√
	厂家	文字	—	—	—	√	√
	型号	文字	—	—	√	√	√
滑轮组补偿装置、棘轮补偿装置、弹簧补偿装置	材质	文字	—	—	—	√	√
	厂家	文字	—	—	—	√	√
	型号	文字		—	—	√	√
防断式中心锚结、防窜式中心锚结	类型	文字	—	—	√	√	√
	厂家	文字	—	—	—	√	√
中间悬挂、V型悬挂、柱顶悬挂	类型	文字	—	—	√	√	√
	厂家	文字	—	—	—	√	√
终端下锚、对向下锚	类型	文字	—	—	√	√	√
转角安装、跨越安装	类型	文字	—	—	√	√	√
接地装置	材质	文字	—	—	√	√	√
	类型	文字	—	—	√	√	√
吸上线、线岔、分段绝缘器、隔离开关、负荷开关、地面磁感应器、避雷器	长度	文字	—	—	√	√	√
	材质	文字	—	—	√	√	√
	型号	文字		—	√	√	√
大限界框架	材质	文字	—	—	√	√	√
	型号	文字	—	—	√	√	√
	尺寸	文字	—	—	√	√	√
保护装置及标识牌	材质	文字	—	—	√	√	√
	尺寸	文字	—	—	√	√	√
驱鸟器	材质	文字	—	—	√	√	√
	型号	文字	—	—	√	√	√

附录 K 电力模型单元信息深度等级

K.0.1 供配电系统功能级模型单元信息深度等级应符合表 K.0.1 的规定。

表 K.0.1 供配电系统功能级模型单元信息深度等级

属性名称	参数类型	单位/描述/取值范围	信息等级			
			N1	N2	N3	N4
外部电源	文字	—	√	√	√	√
主变电所	文字	—	√	√	√	√
牵引供电系统	文字	—	√	√	√	√
动力照明系统	文字	—	√	√	√	√
杂散电流腐蚀防护系统	文字	—	√	√	√	√
电力监控系统	文字	—	√	√	√	√

K.0.2 供配电系统构件级模型单元信息深度等级应符合表 K.0.2 的规定。

表 K.0.2 供配电系统构件级模型单元信息深度等级

构件	属性名称	参数类型	单位/描述/取值范围	信息等级			
				N1	N2	N3	N4
高压配电柜、低压配电柜	名称	文字	—	—	√	√	√
	型号	文字	—	—	√	√	√
	电压等级	数值	kV	—	√	√	√
	功能	文字	—	—	√	√	√
	安装位置	文字	—	—	√	√	√
	进出线方式	文字	—	—	√	√	√

续表K.0.2

构件	属性名称	参数类型	单位/描述/取值范围	信息等级			
				N1	N2	N3	N4
变压器	名称	文字	—	√	√	√	√
	型号	文字	—	√	√	√	√
	容量	数值	kV				
	安装位置	文字	—	—	—	√	√
	冷却形式	文字	—	—	—	√	√
	进出线方式	文字	—	—	—	√	√
动力配电柜/箱、照明配电箱/柜、设备控制箱	名称	文字	—	—	√	√	√
	型号	文字	—	—	√	√	√
	上级电源	数值	kV	—	√	√	√
	所带负载	数值	Ω	—	√	√	√
	安装方式	文字	—	—	√	√	√
	进出线方式	文字	—	—	√	√	√
	安装位置	文字	—	—	√	√	√
照明灯具	名称	文字	—	—	√	√	√
	型号	文字	—	—	√	√	√
	所属回路	文字	—	—	√	√	√
	安装方式	文字	—	—	√	√	√
	灯具功率	数值	W	—	√	√	√
	初始光通量	数值	lm	—	√	√	√
	安装位置	文字	—	—	√	√	√
动力电缆	回路编号	数值	—	—	√	√	√
	型号	文字	—	—	√	√	√
	电压等级	数值	kV	—	√	√	√
	起点	文字	—	—	√	√	√
	终点	文字	—	—	√	√	√
	长度	文字	m	—	√	√	√

续表K.0.2

构件	属性名称	参数类型	单位/描述/取值范围	信息等级			
				N1	N2	N3	N4
动力电缆	阻燃耐火等级	文字	—	—	√	√	√
	芯数	数值	—	—	√	√	√
	截面积	数值	mm^2	—	√	√	√
	保护管径	数值	mm	—	√	√	√
	安装方式	文字	—	—	√	√	√
控制电缆	回路编号	数值	—	—	√	√	√
	型号	文字	—	—	√	√	√
	电压等级一交直流	数值	kV	—	√	√	√
	起点	文字	—	—	√	√	√
	终点	文字	—	—	√	√	√
	长度	文字	—	—	√	√	√
	阻燃耐火等级	文字	—	—	√	√	√
	芯数	数值	—	—	√	√	√
	截面积	数值	mm^2	—	√	√	√
	保护管径	数值	mm	—	√	√	√
	安装方式	文字	—	—	√	√	√
电缆桥架	名称	数值	—	—	√	√	√
	功能	文字	—	—	√	√	√
	材质	文字	—	—	√	√	√
	规格	文字	—	—	√	√	√
	起点	文字	—	—	√	√	√
	终点	文字	—	—	√	√	√
	长度	数值	m	—	√	√	√
	阻燃耐火等级	文字	—	—	√	√	√
	截面积	数值	mm^2	—	√	√	√
	安装方式	文字	—	—	√	√	√

K.0.3 变、配电所功能级模型单元信息深度等级划分应符合表 K.0.3 的规定。

表 K.0.3 变、配电所功能级模型单元信息深度等级

属性名称	参数类型	单位/描述/取值范围	信息等级			
			N1	N2	N3	N4
主变电所	文字	—	√	√	√	√
牵引变电所	文字	—	√	√	√	√
降压变电所	文字	—	√	√	√	√

K.0.4 变、配电所构件级模型单元信息深度等级应符合表 K.0.4 的规定。

表 K.0.4 变、配电所构件级模型单元信息深度等级

构件	属性名称	参数类型	单位/描述/取值范围	信息等级			
				N1	N2	N3	N4
高压配电柜、低压配电柜	名称	文字	—	—	√	√	√
	型号	文字	—	—	√	√	√
	电压等级	数值	kV	—	√	√	√
	功能	文字	—	—	√	√	√
	安装位置	文字	—	—	√	√	√
	进出线方式	文字	—	—	√	√	√
变压器	名称	文字	—	√	√	√	√
	型号	文字	—	√	√	√	√
	容量	数值	kV	—	√	√	√
	安装位置	文字	—	—	—	√	√
	冷却形式	文字	—	—	—	√	√
	进出线方式	文字	—	—	—	√	√

续表K.0.4

构件	属性名称	参数类型	单位/描述/取值范围	信息等级			
				N1	N2	N3	N4
动力配电柜-箱、照明配电箱-柜、设备控制箱	名称	文字	—	—	√	√	√
	型号	文字	—	—	√	√	√
	上级电源	数值	kV	—	√	√	√
	所带负载	数值	Ω	—	√	√	√
	安装方式	文字	—	—	√	√	√
	进出线方式	文字	—	—	√	√	√
	安装位置	文字	—	—	√	√	√
照明灯具	名称	文字	—	—	√	√	√
	型号	文字	—	—	√	√	√
	所属回路	文字	—	—	√	√	√
	安装方式	文字	—	—	√	√	√
	灯具功率	数值	W	—	√	√	√
	初始光通量	数值	lm	—	√	√	√
	安装位置	文字	—	—	√	√	√
动力电缆	回路编号	数值	—	—	√	√	√
	型号	文字	—	—	√	√	√
	电压等级	数值	kV	—	√	√	√
	起点	文字	—	—	√	√	√
	终点	文字	—	—	√	√	√
	长度	文字	—	—	√	√	√
	阻燃耐火等级	文字	—	—	√	√	√
	芯数	数值	—	—	√	√	√

续表K.0.4

构件	属性名称	参数类型	单位/描述/取值范围	信息等级			
				N1	N2	N3	N4
动力电缆	截面积	数值	mm^2	—	√	√	√
	保护管径	数值	mm	—	√	√	√
	安装方式	文字	—	—	√	√	√
控制电缆	回路编号	数值	—	—	√	√	√
	型号	文字	—	—	√	√	√
	电压等级一交直流	数值	kV	—	√	√	√
	起点	文字	—	—	√	√	√
	终点	文字	—	—	√	√	√
	长度	数值	m	—	√	√	√
	阻燃耐火等级	文字	—	—	√	√	√
	芯数	数值	—	—	√	√	√
	截面积	数值	mm^2	—	√	√	√
	保护管径	数值	mm	—	√	√	√
	安装方式	文字	—	—	√	√	√
电缆桥架	名称	数值	—	—	√	√	√
	功能	文字	—	—	√	√	√
	材质	文字	—	—	√	√	√
	规格	文字	—	—	√	√	√
	起点	文字	—	—	√	√	√
	终点	文字	—	—	√	√	√
	长度	数值	m	—	√	√	√
	阻燃耐火等级	文字	—	—	√	√	√
	截面积	数值	mm^2	—	√	√	√
	安装方式	文字	—	—	√	√	√

K.0.5 电力线路功能级模型信息深度等级划分参见表 K.0.55 的规定。

表 K.0.5 电力线路功能级模型单元信息深度等级

属性名称	参数类型	单位/描述/取值范围	信息等级			
			N1	N2	N3	N4
高压线路	文字	—	√	√	√	√
中压线路	文字	—	√	√	√	√
低压线路	文字	—	√	√	√	√
牵引网	文字	—	√	√	√	√

K.0.6 电力线路构件级模型单元信息等级应符合表 K.0.6 的规定。

表 K.0.6 电力线路构件级模型单元信息深度等级

构件	属性名称	参数类型	单位/描述/取值范围	信息等级			
				N1	N2	N3	N4
电缆	回路编号	数值	—	—	√	√	√
	型号	文字	—	—	√	√	√
	电压等级	数值	kV	—	√	√	√
	起点	文字	—	—	√	√	√
	终点	文字	—	—	√	√	√
	长度	数值	m	—	√	√	√
	阻燃耐火等级	文字	—	—	√	√	√
	芯数	数值	—	—	√	√	√
	截面积	数值	mm^2	—	√	√	√
	保护管径	数值	mm	—	√	√	√
	安装方式	文字	—	—	√	√	√

K.0.7 电力远动系统构件级模型单元信息等级应符合表 K.0.7 的规定。

表 K.0.7 电力远动系统构件级模型单元信息深度等级

构件	属性名称	参数类型	单位/描述/取值范围	信息等级			
				N1	N2	N3	N4
网络交换机、设备监控箱、PLC	类型	文字	—	√	√	√	√
	编号	数值	—	√	√	√	√
	传输带宽	数值	Mb/s	—	√	√	√
	安装位置	桩号	—	—	√	√	√
设备控制箱	名称	文字	—	—	√	√	√
	型号	文字	—	—	√	√	√
	上级电源	数值	kV	—	√	√	√
	所带负载	数值	Ω	—	√	√	√
	安装方式	文字	—	—	√	√	√
	进出线方式	文字	—	—	√	√	√
	安装位置	文字	—	—	√	√	√

K.0.8 机电设备监控系统(BAS)通用构件级模型单元信息等级应符合表 K.0.8 的规定。

表 K.0.8 机电设备监控系统(BAS)通用构件级模型单元信息等级

构件	属性名称	参数类型	单位/描述/取值范围	信息等级			
				N1	N2	N3	N4
弱电桥架	名称	文字	—	√	√	√	√
	功能	文字	—	√	√	√	√
	材质	文字	—	—	√	√	√
	规格	数值	宽度×高度	—	√	√	√
	起点	桩号	—	—	√	√	√
	终点	桩号	—	—	√	√	√
	长度	数值	—	—	√	√	√
	阻燃耐火等级	文字	—	—	√	√	√
	截面积	数值	—	—	√	√	√
	安装方式	文字	—	—	√	√	√

续表K.0.8

构件	属性名称	参数类型	单位/描述/取值范围	信息等级			
				N1	N2	N3	N4
弱电配电柜	名称	文字	—	—	√	√	√
	型号	数值	—	—	√	√	√
	电压等级	数值	V	—	√	√	√
	功能	文字	—	—	√	√	√
	安装位置	文字	—	—	√	√	√
	进出线方式	文字	—	—	√	√	√

K.0.9 机电设备监控系统(BAS)构件级模型单元信息等级应符合表K.0.9的规定。

表K.0.9 机电设备监控系统(BAS)构件级模型单元信息等级

构件	属性名称	参数类型	单位/描述/取值范围	信息等级			
				N1	N2	N3	N4
机柜	编号	数值	—	√	√	√	√
	功能	文字	—	√	√	√	√
	规格	数值	长×宽×高	—	√	√	√
	设备占用情况	文字	单元	—	√	√	√
	位置	桩号	—	—	√	√	√
工作站	编号	数值	—	√	√	√	√
	功能	文字	—	—	√	√	√
	安装位置	桩号	—	—	√	√	√
显示大屏/UPS	编号	数值	—	√	√	√	√
	规格	数值	长×宽	√	√	√	√
	安装位置	桩号	—	√	√	√	√

K.0.10 火灾自动报警系统(FAS)构件级模型单元信息等级应符合表 K.0.10 的规定。

表 K.0.10 火灾自动报警系统(FAS)构件级模型单元信息深度等级划分

构件	属性名称	参数类型	单位/描述/取值范围	信息等级			
				N1	N2	N3	N4
感烟/感温探测器、手动报警按钮声光报警器、输入输出模块模块箱	编号	数值	—	√	√	√	√
	状态	文字	—	—	√	√	√
	安装位置	桩号	—	—	√	√	√
线型光纤	编号	数值	—	√	√	√	√
	温度	数值	℃	—	√	√	√
	安装位置	桩号	—	—	√	√	√

K.0. 11 动力照明系统构件级模型单元信息等级应符合表 K.0.11 的规定。

表 K.0.11 动力照明系统构件级模型单元信息深度等级

构件	属性名称	参数类型	单位/描述/取值范围	信息等级			
				N1	N2	N3	N4
动力配电柜/箱、照明配电箱/柜、设备控制箱	名称	文字	—	—	√	√	√
	型号	文字	—	—	√	√	√
	上级电源	数值	kV	—	√	√	√
	所带负载	数值	Ω	—	√	√	√
	安装方式	文字	—	—	√	√	√
	进出线方式	文字	—	—	√	√	√
	安装位置	文字	—	—	√	√	√
照明灯具	名称	文字	—	—	√	√	√
	型号	文字	—	—	√	√	√
	所属回路	文字	—	—	√	√	√
	安装方式	文字	—	—	√	√	√
	灯具功率	数值	W	—	√	√	√
	初始光通量	数值	lm	—	√	√	√
	安装位置	文字	—	—	√	√	√

续表K.0.11

构件	属性名称	参数类型	单位/描述/取值范围	信息等级			
				N1	N2	N3	N4
动力电缆	回路编号	数值	—	—	√	√	√
	型号	文字	—	—	√	√	√
	电压等级	数值	kV	—	√	√	√
	起点	文字	—	—	√	√	√
	终点	文字	—	—	√	√	√
	长度	数值	m	—	√	√	√
	阻燃耐火等级	文字	—	—	√	√	√
	芯数	数值	—	—	√	√	√
	截面积	数值	mm^2	—	√	√	√
	保护管径	数值	mm	—	√	√	√
	安装方式	文字	—	—	√	√	√
控制电缆	回路编号	数值	—	—	√	√	√
	型号	文字	—	—	√	√	√
	电压等级一交直流	数值	kV	—	√	√	√
	起点	文字	—	—	√	√	√
	终点	文字	—	—	√	√	√
	长度	数值	m	—	√	√	√
	阻燃耐火等级	文字	—	—	√	√	√
	芯数	数值	—	—	√	√	√
	截面积	数值	mm^2	—	√	√	√
	保护管径	数值	mm	—	√	√	√
	安装方式	文字	—	—	√	√	√
电缆桥架	名称	数值	—	—	√	√	√
	功能	文字	—	—	√	√	√
	材质	文字	—	—	√	√	√
	规格	文字	—	—	√	√	√

续表K.0.11

构件	属性名称	参数类型	单位/描述/取值范围	信息等级			
				N1	N2	N3	N4
电缆桥架	起点	文字	—	—	√	√	√
	终点	文字	—	—	√	√	√
	长度	数值	m	—	√	√	√
	阻燃耐火等级	文字	—	—	√	√	√
	截面积	数值	mm^2	—	√	√	√
	安装方式	文字	—	—	√	√	√

附录L 通信模型单元信息深度等级

L.0.1 通信构件级模型单元信息深度等级划分应符合表L.0.1的规定。

表L.0.1 通信系统构件级模型单元信息深度等级

构件	属性名称	参数类型	单位/描述/取值范围	信息等级			
				N1	N2	N3	N4
通信光缆、通信电缆	型号	文字	型式与规格代号及参数	√	√	√	√
	定额信息	文字	定额工作内容	—	√	√	√
	厂家信息	文字	厂家基本信息	—	—	√	√
	颜色	RGB值	配色	—	—	—	√
	材质	文字	材料及参数	—	—	—	√
传输中心级设备、传输站场级设备	型号	文字	型式与规格代号及参数	√	√	√	√
	定额信息	文字	定额工作内容	—	√	√	√
	厂家信息	文字	厂家基本信息	—	—	√	√
	板件信息	文字	板件配置及参数	—	—	√	√
	连接信息	文字	接口配置及参数	—	√	√	√
	颜色	RGB值	配色	—	—	—	√
公务电话中心级设备、公务电话站场级设备	型号	文字	型式与规格代号及参数	√	√	√	√
	定额信息	文字	定额工作内容	—	√	√	√
	厂家信息	文字	厂家基本信息	—	—	√	√
	板件信息	文字	板件配置及参数	—	—	√	√
	连接信息	文字	接口配置及参数	—	√	√	√
	颜色	RGB值	配色	—	—	—	√

续表L.0.1

构件	属性名称	参数类型	单位/描述/取值范围	信息等级			
				N1	N2	N3	N4
打印机、传真机	型号	文字	型式与规格代号及参数	√	√	√	√
	定额信息	文字	定额工作内容	—	√	√	√
	厂家信息	文字	厂家基本信息	—	—	√	√
	颜色	RGB值	配色	—	—	—	√
模拟电话终端、数字电话终端	型号	文字	型式与规格代号及参数	√	√	√	√
	定额信息	文字	定额工作内容	—	√	√	√
	厂家信息	文字	厂家基本信息	—	—	√	√
	连接信息	文字	接口配置及参数	—	√	√	√
	颜色	RGB值	配色	—	—	—	√
有线调度交换中心级设备、有线调度交换车站级设备	型号	文字	型式与规格代号及参数	√	√	√	√
	定额信息	文字	定额工作内容	—	√	√	√
	厂家信息	文字	厂家基本信息	—	—	√	√
	板件信息	文字	板件配置及参数	—	—	√	√
	连接信息	文字	接口配置及参数	—	√	√	√
	颜色	RGB值	配色	—	—	—	√
调度台终端、值班台终端、语音记录仪设备	型号	文字	型式与规格代号及参数	√	√	√	√
	定额信息	文字	定额工作内容	—	√	√	√
	厂家信息	文字	厂家基本信息	—	—	√	√
	连接信息	文字	接口配置及参数	—	√	√	√
	颜色	RGB值	配色	—	—	—	√
无线交换中心级设备、基站设备	型号	文字	型式与规格代号及参数	√	√	√	√
	定额信息	文字	定额工作内容	—	√	√	√
	厂家信息	文字	厂家基本信息	—	—	√	√
	板件信息	文字	板件配置及参数	—	—	√	√
	连接信息	文字	接口配置及参数	—	√	√	√
	颜色	RGB值	配色	—	—	—	√

续表L.0.1

构件	属性名称	参数类型	单位/描述/取值范围	信息等级			
				N1	N2	N3	N4
中继设备、天馈设备、漏缆及附属设备	型号	文字	型式与规格代号及参数	√	√	√	√
	定额信息	文字	定额工作内容	—	√	√	√
	厂家信息	文字	厂家基本信息	—	—	√	√
	连接信息	文字	接口配置及参数	—	√	√	√
	颜色	RGB 值	配色	—	—	—	√
便携设备	型号	文字	型式与规格代号及参数	√	√	√	√
	定额信息	文字	定额工作内容	—	√	√	√
	厂家信息	文字	厂家基本信息	—	—	√	√
	颜色	RGB 值	配色	—	—	—	√
会议电视中心级设备、会议电视站场级设备	型号	文字	型式与规格代号及参数	√	√	√	√
	定额信息	文字	定额工作内容	—	√	√	√
	厂家信息	文字	厂家基本信息	—	—	√	√
	板件信息	文字	板件配置及参数	—	—	√	√
	连接信息	文字	接口配置及参数	—	√	√	√
	颜色	RGB 值	配色	—	—	—	√
会场终端	型号	文字	型式与规格代号及参数	√	√	√	√
	定额信息	文字	定额工作内容	—	√	√	√
	厂家信息	文字	厂家基本信息	—	—	√	√
	连接信息	文字	接口配置及参数	—	√	√	√
	颜色	RGB 值	配色	—	—	—	√
综合视频监控中心级设备、综合视频监控站场级设备	型号	文字	型式与规格代号及参数	√	√	√	√
	定额信息	文字	定额工作内容	—	√	√	√
	厂家信息	文字	厂家基本信息	—	—	√	√
	板件信息	文字	板件配置及参数	—	—	√	√
	连接信息	文字	接口配置及参数	—	√	√	√
	颜色	RGB 值	配色	—	—	—	√

续表L.0.1

构件	属性名称	参数类型	单位/描述/取值范围	信息等级			
				N1	N2	N3	N4
摄像机终端、监控终端	型号	文字	型式与规格代号及参数	√	√	√	√
	定额信息	文字	定额工作内容	—	√	√	√
	厂家信息	文字	厂家基本信息	—	—	√	√
	连接信息	文字	接口配置及参数	—	√	√	√
	颜色	RGB值	配色	—	—	—	√
时间时钟同步中心级设备、时间时钟同步站场级设备	型号	文字	型式与规格代号及参数	√	√	√	√
	定额信息	文字	定额工作内容	—	√	√	√
	厂家信息	文字	厂家基本信息	—	—	√	√
	板件信息	文字	板件配置及参数	—	—	√	√
	连接信息	文字	接口配置及参数	—	√	√	√
	颜色	RGB值	配色	—	—	—	√
子钟终端	型号	文字	型式与规格代号及参数	√	√	√	√
	定额信息	文字	定额工作内容	—	√	√	√
	厂家信息	文字	厂家基本信息	—	—	√	√
	连接信息	文字	接口配置及参数	—	√	√	√
	颜色	RGB值	配色	—	—	—	√
卫星接收终端	型号	文字	型式与规格代号及参数	√	√	√	√
	定额信息	文字	定额工作内容	—	√	√	√
	厂家信息	文字	厂家基本信息	—	—	√	√
	板件信息	文字	板件配置及参数	—	—	√	√
	连接信息	文字	接口配置及参数	—	√	√	√
	颜色	RGB值	配色	—	—	—	√
开关电源	型号	文字	型式与规格代号及参数	√	√	√	√
	定额信息	文字	定额工作内容	—	√	√	√
	厂家信息	文字	厂家基本信息	—	—	√	√
	板件信息	文字	板件配置及参数	—	—	√	√

续表L.0.1

构件	属性名称	参数类型	单位/描述/取值范围	信息等级			
				N1	N2	N3	N4
开关电源	连接信息	文字	接口配置及参数	—	√	√	√
	颜色	RGB值	配色	—	—	—	√
配电设备、地线箱设备、蓄电池、不间断电源	型号	文字	型式与规格代号及参数	√	√	√	√
	定额信息	文字	定额工作内容	—	√	√	√
	厂家信息	文字	厂家基本信息	—	—	√	√
	连接信息	文字	接口配置及参数	—	√	√	√
	颜色	RGB值	配色	—	—	—	√
电源及环境监控中心级设备、电源及环境监控站场级设备	型号	文字	型式与规格代号及参数	√	√	√	√
	定额信息	文字	定额工作内容	—	√	√	√
	厂家信息	文字	厂家基本信息	—	—	√	√
	板件信息	文字	板件配置及参数	—	—	√	√
	连接信息	文字	接口配置及参数	—	√	√	√
	颜色	RGB值	配色	—	—	—	√
电源及环境监控传感器终端	型号	文字	型式与规格代号及参数	√	√	√	√
	定额信息	文字	定额工作内容	—	√	√	√
	厂家信息	文字	厂家基本信息	—	—	√	√
	连接信息	文字	接口配置及参数	—	√	√	√
	颜色	RGB值	配色	—	—	—	√
信息点	型号	文字	型式与规格代号及参数	√	√	√	√
	定额信息	文字	定额工作内容	—	√	√	√
	颜色	RGB值	配色	—	—	—	√
杆、塔	型号	文字	型式与规格代号及参数	√	√	√	√
	定额信息	文字	定额工作内容	—	√	√	√
	颜色	RGB值	配色	—	—	—	√
	材质	文字	材料及参数	—	—	—	√

续表L.0.1

构件	属性名称	参数类型	单位/描述/取值范围	信息等级			
				N1	N2	N3	N4
基础	类型	文字	型式与规格代号及参数	√	√	√	√
	定额信息	文字	定额工作内容	—	√	√	√
	地质信息	文字	地质参数类型	—	√	√	√
接地极、接地线	型号	文字	型式与规格代号及参数	√	√	√	√
	定额信息	文字	定额工作内容	—	√	√	√
	材质	文字	材料及参数	—	—	—	√
接闪器	型号	文字	型式与规格代号及参数	√	√	√	√
	定额信息	文字	定额工作内容	—	√	√	√
	厂家信息	文字	厂家基本信息	—	—	√	√
	连接信息	文字	接口配置及参数	—	√	√	√
	材质	文字	材料及参数	—	—	—	√
防雷器	型号	文字	型式与规格代号及参数	√	√	√	√
	定额信息	文字	定额工作内容	—	√	√	√
	厂家信息	文字	厂家基本信息	—	—	√	√
	连接信息	文字	接口配置及参数	—	√	√	√
	颜色	RGB值	配色	—	—	—	√
计算机终端、服务器终端	型号	文字	型式与规格代号及参数	√	√	√	√
	定额信息	文字	定额工作内容	—	√	√	√
	厂家信息	文字	厂家基本信息	—	—	√	√
	连接信息	文字	接口配置及参数	—	√	√	√
	颜色	RGB值	配色	—	—	—	√
打印机终端、传真机终端	型号	文字	型式与规格代号及参数	√	√	√	√
	定额信息	文字	定额工作内容	—	√	√	√
	厂家信息	文字	厂家基本信息	—	—	√	√
	颜色	RGB值	配色	—	—	—	√

续表L.0.1

构件	属性名称	参数类型	单位/描述/取值范围	信息等级			
				N1	N2	N3	N4
网络防火墙设备、网络路由器设备	型号	文字	型式与规格代号及参数	√	√	√	√
	定额信息	文字	定额工作内容	—	√	√	√
	厂家信息	文字	厂家基本信息	—	—	√	√
	板件信息	文字	板件配置及参数	—	—	√	√
	连接信息	文字	接口配置及参数	—	√	√	√
	颜色	RGB值	配色	—	—	—	√
网络交换机设备	型号	文字	型式与规格代号及参数	√	√	√	√
	定额信息	文字	定额工作内容	—	√	√	√
	厂家信息	文字	厂家基本信息	—	—	√	√
	板件信息	文字	板件配置及参数	—	—	√	√
	连接信息	文字	接口配置及参数	—	√	√	√
	颜色	RGB值	配色	—	—	—	√
EDF、ODF、VDF、DDF配线单元	型号	文字	型式与规格代号及参数	√	√	√	√
	定额信息	文字	定额工作内容	—	√	√	√
	厂家信息	文字	厂家基本信息	—	—	√	√
	颜色	RGB值	配色	—	—	—	√
设备机柜、配线机柜	型号	文字	型式与规格代号及参数	√	√	√	√
	定额信息	文字	定额工作内容	—	√	√	√
	厂家信息	文字	厂家基本信息	—	—	√	√
	颜色	RGB值	配色	—	—	—	√
跳线及配线、电源电缆	型号	文字	型式与规格代号及参数	√	√	√	√
	定额信息	文字	定额工作内容	—	√	√	√
	厂家信息	文字	厂家基本信息	—	—	√	√
	颜色	RGB值	配色	—	—	—	√
	材质	文字	材料及参数	—	—	—	√

续表L.0.1

构件	属性名称	参数类型	单位/描述/取值范围	信息等级			
				N1	N2	N3	N4
电缆分线及终端装备、光缆终端盒	型号	文字	型式与规格代号及参数	√	√	√	√
	定额信息	文字	定额工作内容	—	√	√	√
	厂家信息	文字	厂家基本信息	—	—	√	√
缆线线槽、支管、接头、桥架、托架	型号	文字	型式与规格代号及参数	√	√	√	√
	定额信息	文字	定额工作内容	—	√	√	√
	厂家信息	文字	厂家基本信息	—	—	√	√
缆线管道、沟槽	型号	文字	型式与规格代号及参数	√	√	√	√
	定额信息	文字	定额工作内容	—	√	√	√
	材质	文字	材料及参数	—	—	—	√
桌椅	型号	文字	型式与规格代号及参数	√	√	√	√
	材质	文字	材料及参数	—	—	—	√
标志牌、标桩	型号	文字	型式与规格代号及参数	√	√	√	√
	定额信息	文字	定额工作内容	—	√	√	√
	材质	文字	材料及参数	—	—	—	√

附录 M　信号模型单元信息深度等级

M.0.1　信号系统功能级模型单元信息深度等级应符合表 M.0.1 的规定。

表 M.0.1　信号系统功能级模型单元信息深度等级

属性名称	参数类型	单位/描述/取值范围	信息深度等级			
			N1	N2	N3	N4
系统名称	文字	—	√	√	√	√
系统颜色	(R,G,B)	—	√	√	√	√
系统材质	文字	—	√	√	√	√

M.0.2　行车指挥组成主要构件级模型单元信息深度等级应符合表 M.0.2 的规定。

表 M.0.2　行车指挥组成主要构件级模型单元信息深度等级

属性名称	参数类型	单位/描述/取值范围	信息深度等级			
			N1	N2	N3	N4
设备名称	文字	如:数据库服务器、应用服务器	√	√	√	√
所属线路	文字	如:嘉闵线	√	√	√	√
设备编码	文字	—	—	√	√	√
深度	数值	mm	—	√	√	√
宽度	数值	mm	—	√	√	√
高度	数值	mm	—	√	√	√
功率	功率	—	—	√	√	√
设备型号	文字	—	—	—	√	√
厂家	文字	—	—	—	√	√
端口	文字	如:2M、光纤	—	√	√	√

M.0.3 列车运行控制组成主要构件级模型单元信息深度等级应符合表 M.0.3 的规定。

表 M.0.3 列车运行控制组成主要构件级模型单元信息深度等级

属性名称	参数类型	单位/描述/取值范围	信息深度等级			
			N1	N2	N3	N4
设备名称	文字	—	√	√	√	√
设备编码	文字	—	—	√	√	√
深度	数值	mm	—	√	√	√
宽度	数值	mm	—	√	√	√
高度	数值	mm	—	√	√	√
功率	数值	—	—	√	√	√
设备型号	文字	—	—	—	√	√
厂家	文字	—	—	—	√	√
连接	文字	连接的有源应答器	—	√	√	√
设备编码	文字	—	—	√	√	√
信息源	文字	有源应答器描述相关的 LEU 编码	—	√	√	√

M.0.4 区间闭塞组成主要构件级模型单元信息深度等级应符合表 M.0.4 的规定。

表 M.0.4 区间闭塞组成主要构件级模型单元信息深度等级

构件	属性名称	参数类型	单位/描述/取值范围	信息深度等级			
				N1	N2	N3	N4
ZPW－2000 轨道电路	设备名称	文字	—	√	√	√	√
	所属区段	文字	如:1111G	—	√	√	√
	端	文字	正向运行时:发送端或接收端	—	√	√	√
	里程	文字	如:K0＋000	—	√	√	√
	设备型号	文字	—	—	—	√	√
	厂家	文字	—	—	—	√	√

续表M.0.4

构件	属性名称	参数类型	单位/描述/取值范围	信息深度等级			
				N1	N2	N3	N4
信号标志牌	设备名称	文字	—	√	√	√	√
	所属区段	文字	如:1111G	—	√	√	√
	里程	文字	如:K0+000	—	√	√	√
	厂家	文字	—	—	—	√	√
区间信号机	设备编码	文字	—	—	√	√	√
	里程	文字	如:K0+000	—	√	√	√
	机构材质	枚举型	铝合金、铁铸	—	√	√	√
	点灯功率	功率	—	—	√	√	√
	设备类型	文字	符合 T—SHJX 002,如:矮型单机构5灯位	√	√	√	√
	基础材质	枚举型	—	—	√	√	√
	厂家	文字	—	—	—	√	√
箱盒	设备名称	枚举型	终端盒、变压器箱、方向盒、双体防护盒	—	√	√	√
	设备编码	文字	如:X—4	—	√	√	√
	里程	文字	如:K0+000	—	√	√	√
	信息源	文字	所连接设备编号	—	√	√	√
	箱盒材质	枚举型	复合型 SMC、铁铸	—	√	√	√
	设备类型	枚举型	如:HZ24	—	√	√	√
	基础材质	枚举型	热镀锌金属、水泥	—	√	√	√
	厂家	文字	—	—	—	√	√
电缆槽道、管线	设备名称	文字	—	—	√	√	√
	起始里程	文字	如:K0+000	—	√	√	√
	终止里程	文字	如:K1+000	—	√	√	√
	材质	枚举型	如:复合型 SMC、水泥、不锈钢	—	√	√	√
	规格	长度	如:420 mm	—	—	√	√
	厂家	文字	—	—	—	√	√

续表M.0.4

构件	属性名称	参数类型	单位/描述/取值范围	信息深度等级			
				N1	N2	N3	N4
补偿电容	设备名称	文字	—	—	√	√	√
	里程	文字	如:K0+000	—	√	√	√
	所属区段	文字	如:1DG	—	√	√	√
	规格	枚举型	—	—	√	√	√
	适用频率	枚举型	—	—	√	√	√
	厂家	文字	—	—	—	√	√
各类机柜	设备名称	文字	如:移频柜、组合柜	√	√	√	√
	设备编码	文字	—	—	√	√	√
	N层	族类型	N可取0~10,该层使用组合,如:DX	—	√	√	√
	深度	长度	mm	—	√	√	√
	宽度	长度	mm	—	√	√	√
	高度	长度	mm	—	√	√	√
	厂家	文字	—	—	—	√	√
组合	设备名称	文字	如:LU组合	—	√	√	√
	N位	族类型	N取0~11,该位使用零件,可如:断路器、各类型继电器	—	√	√	√
光、电缆	设备型号	文字	—	—	√	√	√
	总芯数	文字	—	—	√	√	√
	实用芯数	文字	—	—	√	√	√
	终端设备1	文字	靠近机房起始端连接的设备1	—	√	√	√
	终端设备2	文字	远离机房末端连接的设备2	—	√	√	√
	厂家	文字	—	—	—	√	√

M.0.5 车站联锁组成主要构件级模型单元信息深度等级应符合表 M.0.5 的规定。

表 M.0.5 车站联锁组成主要构件级模型单元信息深度等级

构件	属性名称	参数类型	单位/描述/取值范围	信息深度等级			
				N1	N2	N3	N4
信号机	设备名称	枚举型	进站信号机、出站信号机、调车信号机	√	√	√	√
	设备编码	文字	如:S、SF	—	√	√	√
	里程	文字	如:K0+000	—	√	√	√
	机构材质	枚举型	铝合金、铁铸	—	√	√	√
	点灯功率	功率	—	—	√	√	√
	设备类型	文字	符合 T—SHJX 002,如:矮型单机构 5 灯位	√	√	√	√
	基础材质	枚举型	热镀锌金属、水泥	—	√	√	√
	厂家	文字	—	—	—	√	√
道岔转辙设备	设备名称	枚举型	直流转辙机、交流转辙机	√	√	√	√
	设备编码	文字	牵引点,如:1—J1	—	√	√	√
	里程	文字	所属道岔岔尖里程,如:K0+000	—	√	√	√
	功率	功率	—	—	√	√	√
	启动电流	电流	—	—	√	√	√
	设备类型	枚举型	如:ZD6—D	—	√	√	√
	厂家	文字	—	—	—	√	√
轨道电路	设备名称	文字	ZPW—2000 轨道电路、25Hz 轨道电路、高压脉冲轨道电路	√	√	√	√
	设备编码	文字	如:1DG	—	√	√	√
	端	文字	正向运行时:发送端或接收端	—	√	√	√
	里程	文字	如:K0+000	—	√	√	√
	功率	功率	—	—	√	√	√
	设备型号	文字	—	—	—	√	√
	厂家	文字	—	—	—	√	√

续表M.0.5

构件	属性名称	参数类型	单位/描述/取值范围	信息深度等级			
				N1	N2	N3	N4
计轴设备	设备名称	文字	—	√	√	√	√
	设备编码	文字	—	—	√	√	√
	里程	文字	如:K0+000	—	√	√	√
	设备型号	文字	—	—	—	√	√
	厂家	文字	—	—	—	√	√
箱盒	设备名称	枚举型	终端盒、变压器箱、方向盒、双体防护盒	—	√	√	√
	设备编码	文字	如:X—4	—	√	√	√
	里程	文字	如:K0+000	—	√	√	√
	信息源	文字	所连接设备编号	—	√	√	√
	箱盒材质	枚举型	复合型 SMC、铁铸	—	√	√	√
	设备类型	枚举型	如:HZ24	—	√	√	√
	基础材质	枚举型	热镀锌金属、水泥	—	√	√	√
	厂家	文字	—	—	—	√	√
紧急停车按钮	设备名称	文字	—	√	√	√	√
	设备编码	枚举型	如:IG	—	√	√	√
	位置	枚举型	下行、上行	—	√	√	√
	厂家	文字	—	—	—	√	√
电缆槽道、管线	设备名称	文字	—	—	√	√	√
	起始里程	文字	如:K0+000	—	√	√	√
	终止里程	文字	如:K1+000	—	√	√	√
	材质	枚举型	如:复合型 SMC、水泥、不锈钢	—	√	√	√
	规格	长度	如:420 mm	—	—	√	√
	厂家	文字	—	—	—	√	√
联锁设备	设备名称	文字	—	√	√	√	√
	设备编码	文字	—	—	√	√	√

续表M.0.5

构件	属性名称	参数类型	单位/描述/取值范围	信息深度等级			
				N1	N2	N3	N4
联锁设备	深度	长度	mm	—	√	√	√
	宽度	长度	mm	—	√	√	√
	高度	长度	mm	—	√	√	√
	功率	功率	—	—	√	√	√
	设备型号	文字	—	—	—	√	√
	厂家	文字	—	—	—	√	√
终端控显设备	设备名称	文字	如:终端控显	√	√	√	√
	设备编码	文字	—	—	√	√	√
	规格	文字	如:21寸	—	√	√	√
	设备型号	文字	—	—	—	√	√
	厂家	文字	—	—	—	√	√
工作台	设备名称	文字	—	—	√	√	√
	设备编码	文字	—	—	√	√	√
	材质	文字	如:木质	—	√	√	√
	规格	文字	长度×宽度×高度,mm	—	√	√	√
	厂家	文字	—	—	—	√	√
各类机柜	设备名称	文字	如:移频柜、组合柜	√	√	√	√
	设备编码	文字	—	—	√	√	√
	N层	族类型	N可取0～10,该层使用组合,如:DX	—	√	√	√
	深度	长度	mm	—	√	√	√
	宽度	长度	mm	—	√	√	√
	高度	长度	mm	—	√	√	√
	厂家	文字	—	—	—	√	√
组合	设备名称	文字	如:DX组合	—	√	√	√
	N位	族类型	N可取0～11,该位使用零件,如:断路器、各类型继电器	—	√	√	√

续表M.0.5

构件	属性名称	参数类型	单位/描述/取值范围	信息深度等级			
				N1	N2	N3	N4
走线槽、架	设备名称	文字	—	—	√	√	√
	设备编码	文字	—	—	√	√	√
	材质	枚举型	热镀锌、不锈钢	—	√	√	√
	规格	长度	如:120 mm	—	—	√	√
	厂家	文字	—	—	—	√	√
光、电缆	设备型号	文字	—	—	√	√	√
	总芯数	文字	—	—	√	√	√
	实用芯数	文字	—	—	√	√	√
	终端设备1	文字	靠近机房起始端连接的设备1	—	√	√	√
	终端设备2	文字	远离机房末端连接的设备2	—	—	√	√
	厂家	文字	—	—	—	√	√

M.0.6 信号检测及集中监测主要构件级模型单元信息深度等级应符合表M.0.6的规定。

表M.0.6 信号检测及集中监测组成主要构件级模型单元信息深度等级

构件	属性名称	参数类型	单位/描述/取值范围	信息深度等级			
				N1	N2	N3	N4
信号集中监测总机设备	设备名称	文字	—	√	√	√	√
	设备编码	文字	—	—	√	√	√
	深度	长度	mm	—	√	√	√
	宽度	长度	mm	—	√	√	√
	高度	长度	mm	—	√	√	√
	功率	功率	—	—	√	√	√
	设备型号	文字	—	—	—	√	√
	厂家	文字	—	—	—	√	√

续表M.0.6

构件	属性名称	参数类型	单位/描述/取值范围	信息深度等级			
				N1	N2	N3	N4
信号集中监测分机设备	设备名称	文字	—	√	√	√	√
	设备编码	文字	—	—	√	√	√
	深度	长度	mm	—	√	√	√
	宽度	长度	mm	—	√	√	√
	高度	长度	mm	—	√	√	√
	功率	功率	—	—	√	√	√
	设备型号	文字	—	—	—	√	√
	厂家	文字	—	—	—	√	√
道岔缺口总机设备	设备名称	文字	—	√	√	√	√
	设备编码	文字	—	—	√	√	√
	深度	长度	mm	—	√	√	√
	宽度	长度	mm	—	√	√	√
	高度	长度	mm	—	√	√	√
	功率	功率	—	—	√	√	√
	设备型号	文字	—	—	—	√	√
	厂家	文字	—	—	—	√	√
车载信息管理设备	设备名称	文字	—	√	√	√	√
	设备编码	文字	—	—	√	√	√
	深度	长度	mm	—	√	√	√
	宽度	长度	mm	—	√	√	√
	高度	长度	mm	—	√	√	√
	功率	功率	—	—	√	√	√
	设备型号	文字	—	—	—	√	√
	厂家	文字	—	—	—	√	√
维护终端	设备名称	文字	—	√	√	√	√
	设备编码	文字	—	—	√	√	√

续表M.0.6

构件	属性名称	参数类型	单位/描述/取值范围	信息深度等级			
				N1	N2	N3	N4
维护终端	规格	文字	如:21 寸	—	√	√	√
	设备型号	文字	—	—	—	√	√
	厂家	文字	—	—	—	√	√
采集监测设备	设备名称	文字	如:道岔缺口监测分机、电流采集器	—	√	√	√
	信息源	文字	采集对向	—	√	√	√
	设备型号	文字	—	—	—	√	√
	厂家	文字	—	—	—	√	√

M.0.7 数据传输网络功能级模型信息深度等级应符合表M.0.7的规定。

表 M.0.7 数据传输网络功能级模型信息深度等级

属性名称	参数类型	单位/描述/取值范围	信息深度等级			
			N1	N2	N3	N4
网络名称	文字	如:安全数据网	√	√	√	√
通道需求	文字	光缆芯数需求或通道带宽大小	√	√	√	√
组网图	图表	—	—	√	√	√

M.0.8 信号电源组成主要构件级模型单元信息深度等级应符合表 M.0.8 的规定。

表 M.0.8 信号电源组成主要构件级模型单元信息深度等级

构件	属性名称	参数类型	单位/描述/取值范围	信息深度等级			
				N1	N2	N3	N4
综合智能电源屏	设备名称	文字	—	√	√	√	√
	设备编码	文字	—	—	√	√	√
	深度	长度	mm	—	√	√	√

续表M.0.8

构件	属性名称	参数类型	单位/描述/取值范围	信息深度等级			
				N1	N2	N3	N4
综合智能电源屏	宽度	长度	mm	—	√	√	√
	高度	长度	mm	—	√	√	√
	效率	数值	电源屏整机效率	—	√	√	√
	极数	极数	如:3	√	√	√	√
	装机容量	文字	如:50 kVA	√	√	√	√
	荷载	质量密度	—	—	√	√	√
	底面积	文字	—	—	√	√	√
	设备型号	文字	—	—	—	√	√
	厂家	文字	—	—	—	√	√
不间断电源	设备名称	文字	—	√	√	√	√
	所属车站	文字	如:上海虹桥站	—	√	√	√
	设备编码	文字	—	—	√	√	√
	深度	长度	mm	—	√	√	√
	宽度	长度	mm	—	√	√	√
	高度	长度	mm	—	√	√	√
	充电功率	功率	—	—	√	√	√
	荷载	质量密度	—	—	√	√	√
	底面积	文字	—	—	√	√	√
	设备型号	文字	—	—	—	√	√
	厂家	文字	—	—	—	√	√
电池组	设备名称	文字	—	√	√	√	√
	设备编码	文字	—	—	√	√	√
	深度	长度	mm	—	√	√	√
	宽度	长度	mm	—	√	√	√
	高度	长度	mm	—	√	√	√
	材质	文字	—	—	√	√	√

续表M.0.8

构件	属性名称	参数类型	单位/描述/取值范围	信息深度等级			
				N1	N2	N3	N4
电池组	规格	文字	—	—	√	√	√
	荷载	质量密度	—	—	√	√	√
	底面积	文字	—	—	√	√	√
	设备型号	文字	—	—	—	√	√
	厂家	文字	—	—	—	√	√

M.0.9 防雷接地组成主要构件级模型单元信息深度等级应符合表 M.0.9 的规定。

表 M.0.9 防雷接地组成主要构件级模型单元信息深度等级

构件	属性名称	参数类型	单位/描述/取值范围	信息深度等级			
				N1	N2	N3	N4
防雷分线机柜	设备名称	文字	—	√	√	√	√
	设备编码	文字	—	—	√	√	√
	深度	长度	mm	—	√	√	√
	宽度	长度	mm	—	√	√	√
	高度	长度	mm	—	√	√	√
	设备型号	文字	—	—	—	√	√
	厂家	文字	—	—	—	√	√
防雷模块	设备名称	文字	—	—	√	√	√
	信息源	文字	采集对向	—	√	√	√
	规格	文字	—	—	√	√	√
	厂家	文字	—	—	—	√	√
防雷配电箱	设备名称	文字	—	√	√	√	√
	规格	文字	—	—	√	√	√
	厂家	文字	—	—	—	√	√

续表M.0.9

构件	属性名称	参数类型	单位/描述/取值范围	信息深度等级			
				N1	N2	N3	N4
接地线缆	设备名称	文字	—	√	√	√	√
	长度	长度	—	—	√	√	√
	截面积	文字	如:35 mm^2	√	√	√	√
	材质	文字	—	—	√	√	√
	厂家	文字	—	—	—	√	√

附录N　机辆设备模型单元信息深度等级

N.0.1　机辆设备功能级模型单元信息深度等级划分应符合表N.0.1的规定。

表N.0.1　机辆设备功能级模型单元信息深度等级

属性名称	参数类型	单位/描述/取值范围	信息深度等级			
			N1	N2	N3	N4
设备名称	文字	—	—	√	√	√
型号及规格	文字	—	—	√	√	√
使用场所	枚举型	车辆检修基地设备、车辆段设备、停车场设备	—	—	√	√
设备功率	功率	kW	—	—	√	√
设备质量	重量	kg	—	—	√	√
用水量	体积	t/h	—	—	√	√
用油量	体积	t/h	—	—	√	√
用气量	体积	m^3/h	—	—	√	√
几何尺寸	文字	如:(长)1.2 m×(宽)3 m×(高)1.5 m	—	—	√	√
主体颜色	文字	—	—	—	√	√
主要材质	文字	—	—	—	√	√
土建接口	文字	—	—	—	√	√
电力接口	文字	—	—	—	√	√
给排水接口	文字	—	—	—	√	√
压缩空气接口	文字	—	—	—	√	√
通信接口	文字	—	—	—	√	√
信息接口	文字	—	—	—	√	√

续表N.0.1

属性名称	参数类型	单位/描述/取值范围	信息深度等级			
			N1	N2	N3	N4
信号接口	文字	—	—	—	√	√
接触网接口	文字	—	—	—	√	√
轨道接口	文字	—	—	—	√	√
建筑接口	文字	—	—	—	√	√
结构接口	文字	—	—	—	√	√
暖通接口	文字	—	—	—	√	√

附录 P 维修设施模型单元信息深度等级

P.0.1 维修设施功能级模型单元信息深度等级划分应符合表 P.0.1的规定。

表 P.0.1 维修设施功能级模型单元信息深度等级

属性名称	参数类型	单位/描述/取值范围	信息深度等级			
			N1	N2	N3	N4
综合维修名称	文字	—	√	√	√	√
综合维修等级	文字	中心-工区-班组	√	√	√	√
承担范围	文字	—	√	√	√	√
场址	文字	—	√	√	√	√

P.0.2 工务车间设备构件级模型单元信息深度等级划分应符合表 P.0.2 的规定。

表 P.0.2 工务车间设备构件级模型单元信息深度等级

构件	属性名称	参数类型	单位/描述/取值范围	信息深度等级			
				N1	N2	N3	N4
钢轨探伤仪、焊缝钢轨探伤仪、智能激光测距仪、液压弯轨器、小型内燃捣固机、液压捣固机、液压道岔捣固机、钢轨切割机、自动焊轨设备、汽油发电机、移动式空压机、液压钢轨拉伸器、液压轨缝调整器、液压起道器、液压拨道机、液压直轨器、轨道接头打磨机、整流弧焊机、混凝土钻孔机、钢轨钻孔机、锯轨机、道岔打磨机、水准仪	名称	文字	—	—	√	√	√
	型号	文字	—	—	√	√	√
	规格	文字	—	—	√	√	√
	位置	位置参数(X,Y,Z,R)	(mm,mm,mm,°)	—	—	—	—
	标高	高程	m	—	—	—	—
	长度	数值	m	—	—	—	—
	功率等级	功率	kW	—	√	√	√
	设备型号	文字	—	—	—	√	√
	厂家	文字	—	—	—	√	√

续表P.0.2

构件	属性名称	参数类型	单位/描述/取值范围	信息深度等级			
				N1	N2	N3	N4
钢轨状态检测车、二合一发电机组、全站仪、装载机、高空作业车	名称	文字	—	—	√	√	√
	型号	文字	—	—	√	√	√
	规格	文字	—	—	√	√	√
	位置	位置参数(X,Y,Z,R)	(mm,mm,mm,°)	—	—	√	√
	标高	高程	m	—	—	√	√
	长度	数值	m	—	—	√	√
	功率等级	功率	kW	—	√	√	√
	设备型号	文字	—	—	—	√	√
	厂家	文字	—	—	—	√	√
双人钳工台、双人检修工作台	名称	文字	—	—	√	√	√
	型号	文字	—	—	√	√	√
	规格	文字	—	—	√	√	√
	位置	位置参数(X,Y,Z,R)	(mm,mm,mm,°)	—	—	—	—
	标高	高程	m	—	—	—	—
	长度	数值	m	—	—	—	—
	功率等级	功率	kW	—	—	—	—
	设备型号	文字	—	—	—	√	√
	厂家	文字	—	—	—	√	√

P.0.3 机电车间设备构件级模型单元信息深度等级划分应符合表 P.0.3 的规定。

表 P.0.3 机电车间设备构件级模型单元信息深度等级

构件	属性名称	参数类型	单位/描述/取值范围	信息深度等级			
				N1	N2	N3	N4
真空泵、便携式声级计、便携式振动仪、风速仪、红外线测温仪、光纤测试仪、溶纤机、溶纤机、管道内窥检测仪(带小车)、移动式空压机、台式钻床、除尘砂轮机、手动试压泵	名称	文字	—	—	√	√	√
	型号	文字	—	—	√	√	√
	规格	文字	—	—	√	√	√
	位置	位置参数(X,Y,Z,R)	(mm,mm,mm,°)	—	—	—	—
	标高	高程	m	—	—	—	—
	长度	数值	m	—	—	—	—
	功率等级	功率	kW	—	√	√	√
	设备型号	文字	—	—	—	√	√
	厂家	文字	—	—	—	√	√
手动液压搬运车、电动升降平台、汽车式升降平台	名称	文字	—	—	√	√	√
	型号	文字	—	—	√	√	√
	规格	文字	—	—	√	√	√
	位置	位置参数(X,Y,Z,R)	(mm,mm,mm,°)	—	—	√	√
	标高	高程	m	—	—	√	√
	长度	数值	m	—	—	√	√
	功率等级	功率	kW	—	√	√	√
	设备型号	文字	—	—	—	√	√
	厂家	文字	—	—	—	√	√

P.0.4 供电车间设备构件级模型单元信息深度等级划分应符合表 P.0.4 的规定。

表 P.0.4 供电车间设备构件级模型单元信息深度等级

构件	属性名称	参数类型	单位/描述/取值范围	信息深度等级			
				N1	N2	N3	N4
接触网检修作业车、接触网架线作业车、接触网放线作业车、接触网维修设备、变电检修设备、电气试验设备	名称	文字	—	—	√	√	√
	型号	文字	—	—	√	√	√
	规格	文字	—	—	√	√	√
	位置	位置参数(X,Y,Z,R)	(mm,mm,mm,°)	—	—	√	√
	标高	高程	m	—	—	√	√
	长度	数值	m	—	—	√	√
	功率等级	功率	kW	—	√	√	√
	设备型号	文字	—	—	—	√	√
	厂家	文字	—	—	—	√	√
高压开关特性测试仪、真空度测试仪、蓄电池测试仪、高压试验成套装置、自动充放电装置、接触网张力检测装置	名称	文字	—	—	√	√	√
	型号	文字	—	—	√	√	√
	规格	文字	—	—	√	√	√
	位置	位置参数(X,Y,Z,R)	(mm,mm,mm,°)	—	—	—	—
	标高	高程	m	—	—	—	—
	长度	数值	m	—	—	—	—
	功率等级	功率	kW	—	√	√	√
	设备型号	文字	—	—	—	√	√
	厂家	文字	—	—	—	√	√

P.0.5 通号车间设备构件级模型单元信息深度等级划分应符合表 P.0.5 的规定。

表 P.0.5 通号车间设备构件级模型单元信息深度等级

构件	属性名称	参数类型	单位/描述/取值范围	信息深度等级			
				N1	N2	N3	N4
维修服务器、激光打印机、室内接地箱、智能电源屏、UPS 电源(含电池)、蓄电池柜、电源防雷箱	名称	文字	—	—	√	√	√
	型号	文字	—	—	√	√	√
	规格	文字	—	—	√	√	√
	位置	位置参数(X,Y,Z,R)	(mm,mm,mm,°)	—	—	—	—
	标高	高程	m	—	—	—	—
	长度	数值	m	—	—	—	—
	功率等级	功率	kW	—	√	√	√
	设备型号	文字	—	—	—	√	√
	厂家	文字	—	—	—	√	√
维护工作站	名称	文字	—	—	√	√	√
	型号	文字	—	—	√	√	√
	规格	文字	—	—	√	√	√
	位置	位置参数(X,Y,Z,R)	(mm,mm,mm,°)	—	√	√	√
	标高	高程	m	—	—	—	—
	长度	数值	m	—	—	—	—
	功率等级	功率	kW	—	√	√	√
	设备型号	文字	—	—	—	√	√
	厂家	文字	—	—	—	√	√
光纤配线架	名称	文字	—	—	√	√	√
	型号	文字	—	—	√	√	√
	规格	文字	—	—	√	√	√
	位置	位置参数(X,Y,Z,R)	(mm,mm,mm,°)	—	—	—	—
	标高	高程	m	—	—	—	—

续表P.0.5

构件	属性名称	参数类型	单位/描述/取值范围	信息深度等级			
				N1	N2	N3	N4
光纤配线架	长度	数值	m	—	—	—	—
	功率等级	功率	kW	—	—	—	—
	设备型号	文字	—	—	—	√	√
	厂家	文字	—	—	—	√	√

P.0.6 熔焊车间设备构件级模型单元信息深度等级划分应符合表P.0.6的规定。

表 P.0.6 熔焊车间设备构件级模型单元信息深度等级

构件	属性名称	参数类型	单位/描述/取值范围	信息深度等级			
				N1	N2	N3	N4
交流弧焊机、整流弧焊机、气焊设备、除尘器、焊接烟尘净化装置	名称	文字	—	—	√	√	√
	型号	文字	—	—	√	√	√
	规格	文字	—	—	√	√	√
	位置	位置参数(X,Y,Z,R)	(mm,mm,mm,°)	—	—	—	—
	标高	高程	m	—	—	—	—
	长度	数值	m	—	—	—	—
	功率等级	功率	kW	—	√	√	√
	设备型号	文字	—	—	—	√	√
	厂家	文字	—	—	—	√	√
焊接工作台	名称	文字	—	—	√	√	√
	型号	文字	—	—	√	√	√
	规格	文字	—	—	√	√	√
	位置	位置参数(X,Y,Z,R)	(mm,mm,mm,°)	—	—	—	—
	标高	高程	m	—	—	—	—
	长度	数值	m	—	—	—	—

续表P.0.6

构件	属性名称	参数类型	单位/描述/取值范围	信息深度等级			
				N1	N2	N3	N4
焊接工作台	功率等级	功率	kW	—	—	—	—
	设备型号	文字	—	—	—	√	√
	厂家	文字	—	—	—	√	√

P.0.7 材料备品车间设备构件级模型单元信息深度等级划分应符合表P.0.7的规定。

表P.0.7 材料备品车间设备构件级模型单元信息深度等级

构件	属性名称	参数类型	单位/描述/取值范围	信息深度等级			
				N1	N2	N3	N4
手动液压搬运车	名称	文字	—	—	√	√	√
	型号	文字	—	—	√	√	√
	规格	文字	—	—	√	√	√
	位置	位置参数(X,Y,Z,R)	(mm,mm,mm,°)	—	—	√	√
	标高	高程	m	—	—	√	√
	长度	数值	m	—	—	√	√
	功率等级	功率	kW	—	—	—	—
	设备型号	文字	—	—	—	√	√
	厂家	文字	—	—	—	√	√
手推车	名称	文字	—	—	√	√	√
	型号	文字	—	—	√	√	√
	规格	文字	—	—	√	√	√
	位置	位置参数(X,Y,Z,R)	(mm,mm,mm,°)	—	—	—	—
	标高	高程	m	—	—	—	—
	长度	数值	m	—	—	—	—
	功率等级	功率	kW	—	—	—	—
	设备型号	文字	—	—	—	√	√
	厂家	文字	—	—	—	√	√

P.0.8 物资总库设备构件级模型单元信息深度等级划分应符合表 P.0.8 的规定。

表 P.0.8 物资总库设备构件级模型单元深度等级

构件	属性名称	参数类型	单位/描述/取值范围	信息深度等级			
				N1	N2	N3	N4
电动单梁桥式起重机、立体仓库	名称	文字	—	—	√	√	√
	型号	文字	—	—	√	√	√
	规格	文字	—	—	√	√	√
	位置	位置参数(X,Y,Z,R)	(mm,mm,mm,°)	—	—	√	√
	标高	高程	m	—	—	√	√
	长度	数值	m	—	—	√	√
	功率等级	功率	kW	—	√	√	√
	设备型号	文字	—	—	—	√	√
	厂家	文字	—	—	—	√	√
手动液压搬运车、内燃叉车、前移式蓄电池叉车	名称	文字	—	—	√	√	√
	型号	文字	—	—	√	√	√
	规格	文字	—	—	√	√	√
	位置	位置参数(X,Y,Z,R)	(mm,mm,mm,°)	—	—	√	√
	标高	高程	m	—	—	√	√
	长度	数值	m	—	—	√	√
	功率等级	功率	kW	—	—	—	—
	设备型号	文字	—	—	—	√	√
	厂家	文字	—	—	—	√	√

P.0.9 易燃品库设备构件级模型单元信息深度等级划分应符合表 P.0.9 的规定。

表 P.0.9 易燃品库设备构件级模型单元信息深度等级

构件	属性名称	参数类型	单位/描述/取值范围	信息深度等级			
				N1	N2	N3	N4
存放架	名称	文字	—	—	√	√	√
	型号	文字	—	—	√	√	√
	规格	文字	—	—	√	√	√
	位置	位置参数(X,Y,Z,R)	(mm,mm,mm,°)	—	—	—	—
	标高	高程	m	—	—	—	—
	长度	数值	m	—	—	—	—
	功率等级	功率	kW	—	—	—	—
	设备型号	文字	—	—	—	√	√
	厂家	文字	—	—	—	√	√
存放柜	名称	文字	—	—	√	√	√
	型号	文字	—	—	√	√	√
	规格	文字	—	—	√	√	√
	位置	位置参数(X,Y,Z,R)	(mm,mm,mm,°)	—	—	—	—
	标高	高程	m	—	—	—	—
	长度	数值	m	—	—	—	—
	功率等级	功率	kW	—	—	—	—
	设备型号	文字	—	—	—	√	√
	厂家	文字	—	—	—	√	√

P.0.10 工程车库设备构件级模型单元信息深度等级划分应符合表 P.0.10 的规定。

表 P.0.10 工程车库设备构件级模型单元信息深度等级

构件	属性名称	参数类型	单位/描述/取值范围	信息深度等级			
				N1	N2	N3	N4
内燃调机、轨道平板车、轨道平板吊车、电动单梁悬挂式起重机、移动式架车机、高压清洗机、移动式升降平台	名称	文字	—	—	√	√	√
	型号	文字	—	—	√	√	√
	规格	文字	—	—	√	√	√
	位置	位置参数(X,Y,Z,R)	(mm,mm,mm,°)	—	—	√	√
	标高	高程	m	—	—	√	√
	长度	数值	m	—	—	√	√
	功率等级	功率	kW	—	√	√	√
	设备型号	文字	—	—	—	√	√
	厂家	文字	—	—	—	√	√
自动恒流恒压充放电机、移动式空压机	名称	文字	—	—	√	√	√
	型号	文字	—	—	√	√	√
	规格	文字	—	—	√	√	√
	位置	位置参数(X,Y,Z,R)	(mm,mm,mm,°)	—	—	—	—
	标高	高程	m	—	—	—	—
	长度	数值	m	—	—	—	—
	功率等级	功率	kW	—	√	√	√
	设备型号	文字	—	—	—	√	√
	厂家	文字	—	—	—	√	√
移动式防爆轴流风机	名称	文字	—	—	√	√	√
	型号	文字	—	—	√	√	√
	规格	文字	—	—	√	√	√
	位置	位置参数(X,Y,Z,R)	(mm,mm,mm,°)	—	—	—	—
	标高	高程	m	—	—	—	—
	长度	数值	m	—	—	—	—

续表P.0.10

<table>
<tr><th rowspan="2">构件</th><th rowspan="2">属性名称</th><th rowspan="2">参数类型</th><th rowspan="2">单位/描述/取值范围</th><th colspan="4">信息深度等级</th></tr>
<tr><th>N1</th><th>N2</th><th>N3</th><th>N4</th></tr>
<tr><td rowspan="3">移动式防爆轴流风机</td><td>功率等级</td><td>功率</td><td>kW</td><td>—</td><td>√</td><td>√</td><td>√</td></tr>
<tr><td>设备型号</td><td>文字</td><td>—</td><td>—</td><td>—</td><td>√</td><td>√</td></tr>
<tr><td>厂家</td><td>文字</td><td>—</td><td>—</td><td>—</td><td>√</td><td>√</td></tr>
<tr><td rowspan="9">双人钳工台、双人工作台、可移式升降托架</td><td>名称</td><td>文字</td><td>—</td><td>—</td><td>√</td><td>√</td><td>√</td></tr>
<tr><td>型号</td><td>文字</td><td>—</td><td>—</td><td>√</td><td>√</td><td>√</td></tr>
<tr><td>规格</td><td>文字</td><td>—</td><td>—</td><td>√</td><td>√</td><td>√</td></tr>
<tr><td>位置</td><td>位置参数(X,Y,Z,R)</td><td>(mm,mm,mm,°)</td><td>—</td><td>—</td><td>—</td><td>—</td></tr>
<tr><td>标高</td><td>高程</td><td>m</td><td>—</td><td>—</td><td>—</td><td>—</td></tr>
<tr><td>长度</td><td>数值</td><td>m</td><td>—</td><td>—</td><td>—</td><td>—</td></tr>
<tr><td>功率等级</td><td>功率</td><td>kW</td><td>—</td><td>—</td><td>—</td><td>—</td></tr>
<tr><td>设备型号</td><td>文字</td><td>—</td><td>—</td><td>—</td><td>√</td><td>√</td></tr>
<tr><td>厂家</td><td>文字</td><td>—</td><td>—</td><td>—</td><td>√</td><td>√</td></tr>
<tr><td rowspan="9">手动液压搬运车</td><td>名称</td><td>文字</td><td>—</td><td>—</td><td>√</td><td>√</td><td>√</td></tr>
<tr><td>型号</td><td>文字</td><td>—</td><td>—</td><td>√</td><td>√</td><td>√</td></tr>
<tr><td>规格</td><td>文字</td><td>—</td><td>—</td><td>√</td><td>√</td><td>√</td></tr>
<tr><td>位置</td><td>位置参数(X,Y,Z,R)</td><td>(mm,mm,mm,°)</td><td>—</td><td>—</td><td>√</td><td>√</td></tr>
<tr><td>标高</td><td>高程</td><td>m</td><td>—</td><td>—</td><td>√</td><td>√</td></tr>
<tr><td>长度</td><td>数值</td><td>m</td><td>—</td><td>—</td><td>√</td><td>√</td></tr>
<tr><td>功率等级</td><td>功率</td><td>kW</td><td>—</td><td>—</td><td>—</td><td>—</td></tr>
<tr><td>设备型号</td><td>文字</td><td>—</td><td>—</td><td>—</td><td>√</td><td>√</td></tr>
<tr><td>厂家</td><td>文字</td><td>—</td><td>—</td><td>—</td><td>√</td><td>√</td></tr>
</table>

P.0.11 材料棚设备构件级模型单元信息深度等级划分应符合表 P.0.11的规定。

表 P.0.11 材料棚设备构件级模型单元信息深度等级

构件	属性名称	参数类型	单位/描述/取值范围	信息深度等级			
				N1	N2	N3	N4
电动单梁悬挂式起重机	名称	文字	—	—	√	√	√
	型号	文字	—	—	√	√	√
	规格	文字	—	—	√	√	√
	位置	位置参数(X,Y,Z,R)	(mm,mm,mm,°)	—	—	√	√
	标高	高程	m	—	—	√	√
	长度	数值	m	—	—	√	√
	功率等级	功率	kW	—	√	√	√
	设备型号	文字	—	—	—	√	√
	厂家	文字	—	—	—	√	√

P.0.12 救援设备构件级模型单元信息深度等级划分应符合表 P.0.12 的规定。

表 P.0.12 救援设备构件级模型单元信息深度等级

构件	属性名称	参数类型	单位/描述/取值范围	信息深度等级			
				N1	N2	N3	N4
救援车	名称	文字	—	—	√	√	√
	型号	文字	—	—	√	√	√
	规格	文字	—	—	√	√	√
	位置	位置参数(X,Y,Z,R)	(mm,mm,mm,°)	—	—	√	√
	标高	高程	m	—	—	√	√
	长度	数值	m	—	—	√	√
	功率等级	功率	kW	—	—	—	—
	设备型号	文字	—	—	—	√	√
	厂家	文字	—	—	—	√	√

续表P.0.12

构件	属性名称	参数类型	单位/描述/取值范围	信息深度等级			
				N1	N2	N3	N4
救援设备	名称	文字	—	—	√	√	√
	型号	文字	—	—	√	√	√
	规格	文字	—	—	√	√	√
	位置	位置参数（X,Y,Z,R）	（mm,mm,mm,°）	—	—	—	—
	标高	高程	m	—	—	—	—
	长度	数值	m	—	—	—	—
	功率等级	功率	kW	—	—	—	—
	设备型号	文字	—	—	—	√	√
	厂家	文字	—	—	—	√	√

附录Q 给水排水模型单元信息深度等级

Q.0.1 给水排水系统功能级模型单元信息深度等级应符合表Q.0.1的规定。

表Q.0.1 给水排水系统功能级模型单元信息深度等级

属性名称	参数类型	单位/描述/取值范围	信息深度等级			
			N1	N2	N3	N4
系统名称	文字	—	√	√	√	√
系统颜色	(R,G,B)	—	√	√	√	√
系统材质	文字	—	√	√	√	√

Q.0.2 生活给水及消防给水系统构件级模型单元信息深度等级应符合表Q.0.2的规定。

表Q.0.2 生活给水及消防给水系统构件级模型单元信息深度等级

构件	属性名称	参数类型	单位/描述/取值范围	信息深度等级			
				N1	N2	N3	N4
给水系统	用水量	流量	m^3/d	√	√	√	√
	管道尺寸	数值	mm	—	—	√	√
	水压力	压力	MPa	—	—	√	√
	设备数量	数值	个	—	—	√	√
	设备尺寸	数值	mm	—	—	√	√
消火栓系统	流量	数值	L/s	—	√	√	√
	水枪充实水柱	数值	m	—	√	√	√
泡沫-水喷雾系统、水喷雾系统	喷雾强度	数值	$L/min\cdot m^2$	—	√	√	√
	最不利点处喷头压力	数值	MPa	—	√	√	√

续表Q.0.2

构件	属性名称	参数类型	单位/描述/取值范围	信息深度等级			
				N1	N2	N3	N4
泡沫消火栓、气体灭火系统、干粉灭火系统	流量	数值	L/s	—	√	√	√
	最不利点气体压力	数值	MPa	—	√	√	√

Q.0.3 路面和桥面排水系统信息深度等级应符合表Q.0.3的规定。

表Q.0.3 路面和桥面排水系统信息深度等级

路面和桥面排水系统	属性名称	参数类型	单位/描述/取值范围	信息深度等级			
				N1	N2	N3	N4
雨水系统	暴雨重现期	数值	年	—	√	√	√
	坡面集流时间或降雨历时	数值	min	—	√	√	√
	汇水面积	数值	m^2	—	√	√	√
废水系统、污水系统	结构渗入水量	数值	$L/d \cdot m^2$	—	√	√	√
	废水量	数值	L/s	—	√	√	√

Q.0.4 给水排水通用构件信息深度等级应符合表Q.0.4的规定。

表Q.0.4 给水排水通用构件信息深度等级

属性名称	参数类型	单位/描述/取值范围	信息深度等级			
			N1	N2	N3	N4
名称	文字	—	—	√	√	√
型号	文字	—	—	√	√	√
规格	文字	—	—	√	√	√
功能	文字	—	—	√	√	√
材质	文字	—	—	√	√	√
坐标	X,Y,Z	(m,m,m)	—	√	√	√
标高	数值	m	—	√	√	√
方向	文字	—	—	√	√	√
给排水系统类型	文字	—	—	√	√	√

附录 R　通风与空调模型单元信息深度等级

R.0.1　通风与空调系统通用信息深度等级应符合表 R.0.1 的规定。

表 R.0.1　通风与空调系统通用信息深度等级

属性名称	参数类型	单位/描述/取值范围	信息深度等级			
			N1	N2	N3	N4
系统名称	文字	—	√	√	√	√
系统颜色	(R,G,B)	—	√	√	√	√
系统材质	文字	—	√	√	√	√

R.0.2　通风系统专有信息深度等级应符合表 R.0.2 的规定。

表 R.0.2　通风系统专有信息深度等级

属性名称	参数类型	单位/描述/取值范围	信息深度等级			
			N1	N2	N3	N4
风量	风量	m^3/h	√	√	√	√
阻力	阻力	Pa	√	√	√	√

R.0.3　排烟系统专有信息深度等级应符合表 R.0.3 的规定。

表 R.0.3　排烟系统专有信息深度等级

属性名称	参数类型	单位/描述/取值范围	信息深度等级			
			N1	N2	N3	N4
排烟量	排烟量	m^3/h	√	√	√	√
阻力	阻力	Pa	√	√	√	√

R.0.4 空调系统专有信息深度等级应符合表 R.0.4 的规定。

表 R.0.4 空调系统专有信息深度等级

空调系统	属性名称	参数类型	单位/描述/取值范围	信息深度等级			
				N1	N2	N3	N4
分体空调/变频多联系统	冷量	冷量	kW	√	√	√	√
空调水系统	冷量	冷量	kW	√	√	√	√
	空调水流量	空调水流量	m^3/h	√	√	√	√
	压降	压降	mH_2O	√	√	√	√
空调送风系统/空调回风系统	风量	风量	m^3/h	√	√	√	√
	阻力	阻力	Pa	√	√	√	√

R.0.5 通风与空调系统构件信息深度等级应符合表 R.0.5 的规定。

表 R.0.5 通风与空调系统构件信息深度等级

构件	属性名称	参数类型	单位/取值范围	信息深度等级			
				N1	N2	N3	N4
风机空调 风阀消声器 风管配件	名称	文字	—	—	√	√	√
	型号	文字	—	—	—	√	√
	规格	文字	—	—	√	√	√
	功能	文字	—	—	√	√	√
	材质	文字	—	—	√	√	√
	位置	文字	—	—	√	√	√
	标高	高程	m	√	√	√	√
	通风系统类型	文字	—	—	—	√	√
风管	名称	文字	—	—	√	√	√
	型号	文字	—	—	√	√	√
	规格	文字	—	—	√	√	√
	材质	文字	—	—	—	√	√
	位置	文字	—	—	√	√	√

续表R.0.5

构件	属性名称	参数类型	单位/取值范围	信息深度等级			
				N1	N2	N3	N4
风管	标高	高程	m	—	√	√	√
	长度	数值	m	—	√	√	√
	通风系统类型	文字	—	—	√	√	√

附录 S　综合接地模型单元信息深度等级

S.0.1　综合接地公有信息深度等级应符合表 S.0.1 的规定。

表 S.0.1　综合接地公有信息深度等级

属性名称	参数类型	单位/描述/取值范围	信息深度等级			
			N1	N2	N3	N4
名称	文字	—	√	√	√	√
材质	文字	—	√	√	√	√
型号	文字	—	√	√	√	√

S.0.2　贯通地线构件级信息深度等级应符合表 S.0.2 的规定。

表 S.0.2　贯通地线构件级信息深度等级

贯通地线	属性名称	参数类型	单位/描述/取值范围	信息深度等级			
				N1	N2	N3	N4
贯通地线	截面积	数值	m^2	√	√	√	√
	长度	数值	m	√	√	√	√
	起点	X,Y,Z	(m,m,m)	—	√	√	√
	终点	X,Y,Z	(m,m,m)	—	√	√	√
	安装方式	文字	—	√	√	√	√
	线路左右侧	文字	—	√	√	√	√

S.0.3 接地体(极)构件级信息深度等级应符合表 S.0.3 的规定。

表 S.0.3 接地体(极)构件级信息深度等级

接地体(极)	属性名称	参数类型	单位/描述/取值范围	信息深度等级			
				N1	N2	N3	N4
避雷带	长度	数值	m	√	√	√	√
	起点	X,Y,Z	(m,m,m)	—	√	√	√
	终点	X,Y,Z	(m,m,m)	—	√	√	√
	安装方式	文字	—	—	—	√	√
支持卡子、断接卡子、接地连接板、垂直接地极	安装位置	X,Y,Z	(m,m,m)	—	—	√	√
接地扁钢	长度	数值	m	—	√	√	√
	起点	X,Y,Z	(m,m,m)	—	√	√	√
	终点	X,Y,Z	(m,m,m)	—	√	√	√
	厚度	数值	mm	—	√	√	√
接地端子	安装位置	X,Y,Z	(m,m,m)	—	√	√	√
	所处地段	文字	如:桥梁段	—	√	√	√
接地锚杆	安装位置	X,Y,Z	(m,m,m)	—	√	√	√
连接器	安装位置	X,Y,Z	(m,m,m)	—	√	√	√
	形状	文字	如:L形				

S.0.4 接地线构件级信息深度等级应符合表 S.0.4 的规定。

表 S.0.4 接地线构件级信息深度等级

接地线	属性名称	参数类型	单位/描述/取值范围	信息深度等级			
				N1	N2	N3	N4
专设引下线	起点	X,Y,Z	(m,m,m)	√	√	√	√
	终点	X,Y,Z	(m,m,m)	√	√	√	√
	长度	数值	m	√	√	√	√
	保护管径	数值	—	√	√	√	√

续表S.0.4

接地线	属性名称	参数类型	单位/描述/取值范围	信息深度等级			
				N1	N2	N3	N4
接地线	截面积	数值	mm^2	√	√	√	√
	安装位置	X,Y,Z	(m,m,m)	—	—	√	√
	安装方式	文字	如:c形压接	—	√	√	√
	起点	X,Y,Z	(m,m,m)	√	√	√	√
	终点	X,Y,Z	(m,m,m)	√	√	√	√

S.0.5 等电位连接构件级信息深度等级应符合表S.0.5的规定。

表S.0.5 等电位连接构件级信息深度等级

等电位连接	属性名称	参数类型	单位/描述/取值范围	信息深度等级			
				N1	N2	N3	N4
总等电位连接端子箱、局部等电位连接板	尺寸(长,宽,高)	数值	(mm,mm,mm)	—	√	√	√
	安装位置	X,Y,Z	(m,m,m)	—	√	√	√
	接线端子数	数值	个	—	√	√	√
	厚度	数值	mm	—	√	√	√
等电位连接线	起点	X,Y,Z	(m,m,m)	—	—	√	√
	终点	X,Y,Z	(m,m,m)	—	—	√	√
	长度	数值	m	—	√	√	√
	芯数	数值	—	√	√	√	√
	截面积	数值	mm^2	√	√	√	√
	保护管径	数值	mm^2	—	√	√	√

附录 T　防灾模型单元信息深度等级

T.0.1　防灾构件级模型单元信息深度等级应符合表 T.0.1 的规定。

表 T.0.1　防灾构件级模型单元信息深度等级

属性名称	参数类型	单位/描述/取值范围	信息深度等级			
			N1	N2	N3	N4
尺寸(长,宽,高)	数值	(mm,mm,mm)	—	√	√	√
安装位置	X,Y,Z	(m,m,m)	—	√	√	√
生产厂家	文字	如:某某公司	—	—	√	√
型号	文字	—	—	—	√	√
防火等级	文字	甲级、乙级	—	√	√	√
额定功率	数值	kW	—	√	√	√
光源类型	文本	—	—	—	√	√
寿命	文本	—	—	√	√	√
IP 防护等级	文本	—	—	—	√	√
混凝土强度	数值	—	—	√	√	√

附录U 环境保护模型单元信息深度等级

U.0.1 环境保护功能级模型单元信息深度等级划分应符合表U.0.1的规定。

表U.0.1 环境保护功能级模型单元信息深度等级

属性名称	参数类型	单位/描述/取值范围	信息深度等级			
			N1	N2	N3	N4
环境保护工程名称	文字	声环境保护、振动环境保护、水环境保护	√	√	√	√
环境保护工程类型	枚举型	声屏障、隔声窗、减震措施、污水处理设施	√	√	√	√
声屏障长度	长度	m	—	√	√	√
声屏障高度	高度	m	—	√	√	√
起始桩号	文字	如：K0+000m	—	√	√	√
结束桩号	文字	如：K1+000m	—	√	√	√
隔声窗面积	数值	m^2	—	√	√	√
污水处理设施工艺	文字	MBR、SBR、A－O、A^2－O	√	√	√	√
减震措施等级	文字	一般减震措施、较高减震措施、特殊减震措施	√	√	√	√

U.0.2 环境保护组成主要构件级模型单元信息深度等级应符合表 U.0.2 的规定。

表 U.0.2 环境保护组成主要构件级模型单元信息深度等级

属性名称	参数类型	单位/描述/取值范围	信息深度等级			
			N1	N2	N3	N4
类型	枚举型	隔声式、吸声式、通风式隔声窗、普通隔声窗	√	√	√	√
长度	长度	m	—	√	√	√
高度	长度	m	—	√	√	√
隔声量	数值	dB	√	√	√	√
面积	数值	m^2	—	√	√	√
措施等级	枚举型	一般减震措施、较高减震措施、特殊减震措施	√	√	√	√
处理工艺	枚举型	MBR、SBR、A－O、A^2－O	√	√	√	√
处理能力	数值	t/h	√	√	√	√
处理效率	数值	%	√	√	√	√
处理效果	文字	—	√	√	√	√
数量	数值	套	√	√	√	√
生产厂家	文字	如：××公司	—	√	√	√
型号	文字	—	—	√	√	√

附录V 景观模型单元信息深度等级

V.0.1 景观功能级模型单元信息深度等级划分应符合表V.0.1的规定。

表V.0.1 景观功能级模型单元信息深度等级

属性名称	参数类型	单位/描述/取值范围	信息深度等级			
			N1	N2	N3	N4
植物名称	文字	—	√	√	√	√
植物类型	枚举型	乔木、灌木、地被	√	√	√	√
植物属性	枚举型	常绿、半常绿、落叶	√	√	√	√
种植间距	长度	m	√	√	√	√
种植密度	数值	m^2	√	√	√	√
景观面积	数值	m^2	—	√	√	√
园路宽度	长度	m	—	√	√	√
绿化带宽度	长度	m	√	√	√	√
起始桩号	文字	如:K0+000m	—	√	√	√
结束桩号	文字	如:K1+000m	—	√	√	√
园路长度	长度	m	√	√	√	√

V.0.2 景观组成主要构件级模型单元信息深度等级应符合表V.0.2的规定。

表V.0.2 景观组成主要构件级模型单元信息深度等级

属性名称	参数类型	单位/描述/取值范围	信息深度等级			
			N1	N2	N3	N4
植物名称	文字	—	√	√	√	√
植物类型	枚举型	乔木、灌木、地被	√	√	√	√
植物属性	枚举型	常绿、半常绿、落叶	√	√	√	√

续表V.0.2

属性名称	参数类型	单位/描述/取值范围	信息深度等级			
			N1	N2	N3	N4
植物胸径	数值	cm	√	√	√	√
植物地径	数值	cm	√	√	√	√
植物高度	数值	m	√	√	√	√
植物冠幅	数值	m	√	√	√	√
路面宽度	数值	m	√	√	√	√
路面类型	文字	车行、人行	√	√	√	√
坡型	枚举型	单向坡、双向坡	—	√	√	√
横坡	坡度	%	—	√	√	√
左侧平石类型	文字	如：50×15×80 cm	—	—	√	√
右侧平石类型	文字	如：50×15×80 cm	—	—	√	√
左立缘石类型	文字	如：50×15×80 cm	—	—	√	√
右立缘石类型	文字	如：50×15×80 cm	—	—	√	√
缘石外露高度	数值	m	—	—	√	√
车道数	整数	>0	—	√	√	√
园路长度	数值	m	√	√	√	√
园路面积	数值	m^2	√	√	√	√
基层厚度	数值	m	√	√	√	√
结合层厚度	数值	m	√	√	√	√
面层厚度	数值	m	√	√	√	√
面层类型	文字	如：水泥砖、花岗岩	√	√	√	√
占地面积	数值	m^2	√	√	√	√
投影面积	数值	m^2	√	√	√	√
亭子宽度	数值	m	√	√	√	√
亭子高度	数值	m	√	√	√	√
亭子类型	枚举型	圆亭、四角亭、六角亭、八角亭	√	√	√	√

续表V.0.2

属性名称	参数类型	单位/描述/取值范围	信息深度等级			
			N1	N2	N3	N4
亭子材质	文字	木材、石材、钢材	√	√	√	√
亭子颜色	文字	如:栗色	√	√	√	√
廊架长度	数值	m	√	√	√	√
廊架宽度	数值	m	√	√	√	√
廊架高度	数值	m	√	√	√	√
廊架类型	枚举型	长方形、弧形、圆形、异形	√	√	√	√
廊架材质	文字	木材、石材、钢材	√	√	√	√
廊架颜色	文字	如:栗色	√	√	√	√
雕塑长度	数值	m	√	√	√	√
雕塑宽度	数值	m	√	√	√	√
雕塑高度	数值	m	√	√	√	√
雕塑类型	枚举型	人物、动物、现代、抽象	√	√	√	√
雕塑材质	文字	木材、石材、金属	√	√	√	√
雕塑颜色	文字	如:红色	√	√	√	√
管径	数值	mm		√	√	√
管材	文字	—		√	√	√
公称压力	数值	MPa		√	√	√
管道长度	数值	m		√	√	√
电压	数值	kV		√	√	√
孔数	文字	—		√	√	√
系统	枚举型	—		√	√	√
管中心线定位	X,Y,Z	(m,m,m)		√	√	√
角度	数值	°		√	√	√
长度	数值	mm		√	√	√

本标准用词说明

1 为便于在执行本标准条文时区别对待，对要求严格程度不同的用词说明如下：

1）表示很严格，非这样做不可的用词：
正面词采用“必须”；反面词采用“严禁”。

2）表示严格，在正常情况均应这样做的用词：
正面词采用“应”；反面词采用“不应”或“不得”。

3）表示允许稍有选择，在条件许可时首先应这样做的词：
正面词采用“宜”；反面词采用“不宜”。

4）表示有选择，在一定条件下可以这样做的用词，采用“可”。

2 条文中指明应按其他有关标准执行的写法为“应符合……的规定”或“应按……执行”。

引用标准名录

1 《建筑信息模型应用统一标准》GB/T 51212—2016

2 《建筑信息模型应用标准》DG/TJ 08—2201—2016

3 《城市轨道交通信息模型技术标准》DG/TJ 08—2202—2016

4 《城市轨道交通信息模型交付标准》DG/TJ 08—2203—2016

上海市交通运输行业协会团体标准

上海市域铁路建筑信息模型设计应用标准(试行)

T/SHJX 011—2020

条 文 说 明

2021 上海

目　次

1　总　则

1.0.1　本标准的编写目的是为推动上海市域铁路工程项目的数字化、信息化建设，规范建筑信息模型在市域铁路工程中设计阶段的应用；本标准编写的宗旨是让建筑信息模型的创建、应用做到有据可依，规范建模行为、模型文件管理。

1.0.2　本标准注重建筑信息模型如何创建、如何管理、如何应用，条文规定具有良好的操作性。

2 术语与缩略语

2.1 术 语

2.1.1 建筑信息模型是由几何信息和非几何信息组成的数字化建筑模型，数据信息是建筑模型的核心要素，市域铁路工程建筑信息从规划设计阶段到运营阶段不仅要发挥协同、共享作用，同时要注重数据的安全性，须制定科学的管理制度、提供可靠的数据安全管理技术。

2.1.2 构件库的建设须制定相应的标准，在满足市域铁路建设的要求下，应用建设单位主持编写构件研发标准、构件入库标准、构件库管理标准，标准化的构件库可以提高建筑信息模型的创建、应用效率。

3 基本规定

3.0.1 结合工程实践研究，实施计划在推动建筑信息模型应用中起到关键性作用。实施计划应包含各阶段的BIM实施方案、管理机制，建设单位、设计单位、施工单位均应编制实施计划。

3.0.2 市域铁路工程设计阶段主要为可行性研究阶段、初步设计阶段、施工图设计阶段，本标准对建筑信息模型的应用对应以上三个阶段，分阶段规定建筑信息模型设计要求，有利于最大化实现建筑信息模型的应用价值。

4 资源要求

市域铁路应用建筑信息模型前，需要对软件选用、构件库标准、材质库标准作出统一规定。软件选用直接决定信息共享的效率，构件库、材质库决定建模效率及模型管理能力。

4.1 BIM 软件要求

4.1.1 BIM 商业软件种类较多，大多数软件格式采用 IFC 标准，但各软件之间数据信息还不能实现完全传递，对于市域铁路工程项目，需要采用不同软件完成设计工作，在选用软件前，需要对软件间的数据格式、数据接口、信息共享等因素做好规划。根据 BIM 软件的用途及功能，本标准中将软件分为 BIM 设计软件、分析软件、展示软件和协同设计平台四个大类。

4.1.6 BIM 分析软件首先要满足特地分析要求，其分析结果满足相关建设标准的规定，分析软件的几何模型能采用 BIM 模型的几何信息，其分析的结果可导入 BIM 模型。

4.1.9 基于 BIM 协同设计平台开展设计，平台应能够兼容设计软件、分析软件、展示软件的数据格式，未来的 BIM 交付不应局限于文件形式、模型格式的交付，应通过协同平台进行数据的交付。

5 模型要求

市域铁路工程项目建设周期长，主要的建设期分为工程可行性研究阶段、初步设计阶段、施工图设计阶段及施工阶段，不同阶段所关注的重点不尽相同，设计深度也不尽相同，为最大限度地发挥建筑信息模型的应用价值，应根据项目所处阶段，进行与设计深度相匹配的建筑信息模型设计。本标准对市域铁路建筑信息模型的精度、模型架构、信息深度等级划分作出规定，为分阶段使用建筑信息模型提供依据，该部分内容作为第 9 章模型单元交付深度、附录模型单元信息深度等级的依据。

6 模型系统分类与编码

6.2 模型系统分类

模型系统按照专业分类，各专业遵循便于管理模型的原则进行小系统分类，每个专业分为三级系统；二级系统可满足模型管理时，可分为二级系统。

6.2.4 隧道系统中的二级系统根据隧道施工工法分类，对于上海土层特性而言，隧道区间的施工一般采用明挖法、盾构法，盾构区间的联络通道一般进行先冻结，采用矿山法施工。为保证系统分类的完整性，保留盾构法、明挖法、矿山法的系统分类。

6.2.5 调度中心、车辆基地中的建筑专业模型可按车站建筑模型系统分类。

6.2.6 调度中心、车辆基地中的结构专业模型可按车站结构模型系统分类。

6.3 编码分类

采用全数字格式代码，通过读取编码信息能够获取构件或设施设备的物理位置、专业信息，随着市域铁路工程量的增多，大部分工程由建设期转入运营期，模型分类编码可与资产编码进行映射，形成对应关系，更大的发挥建筑信息模型在运行管理中的价值。

7　整体行为要求

7.1　一般规定

7.1.2　市域铁路在工程可行性研究阶段，综合考虑了与城市轨道交通、国家铁路的接口问题，坐标形式、坐标精度有较高的要求，建筑信息模型在满足高精度的定位要求时须对坐标系统、高程系统作明确规定。